LEUCO JAIMES BRITO

CLAUDE CODE
PARA CTOS

Lidera tu Equipo de Ingeniería en la Era Agéntica

con ROI Real, Gobernanza y Seguridad

Actualizado en agosto de 2026 · Claude 5: Fábula, Opus, Soneto

Escrito para directores de tecnología, vicepresidentes de ingeniería y líderes técnicos.

Todas las cifras de costos, referencias de precios y citas regulatorias reflejan la información disponible públicamente a agosto de 2026. Verifique las cifras actuales antes de tomar decisiones comerciales.

Publicado en 2026. Primera edición.

Por cada CTO que haya estado sentado en esa reunión de la junta directiva

y deseaban que tuvieran una mejor respuesta.

CONTENIDO

Introducción

Por qué existe este libro y a quién va dirigido.

El momento en que este libro se hizo necesario no fue durante el lanzamiento de un producto, sino en una reunión de la junta directiva.

En algún lugar de España, México, Argentina —en cada ciudad donde una empresa tecnológica mediana tiene un director de tecnología (CTO) tratando de tomar una decisión justificable sobre el desarrollo asistido por IA— una versión de la misma conversación tuvo lugar en 2025. Un inversor o un miembro del consejo de administración hizo una pregunta directa. El CTO respondió con cuidado. La respuesta fue precisa, pero insuficiente. Después de la reunión, mientras caminaba hacia el coche o esperaba el ascensor, el CTO pensó: Sé lo que hace la herramienta. No sé cómo guiar a mi organización a través de esto a gran escala.

Los tutoriales no podían responder a esa pregunta. Las presentaciones de los proveedores tampoco. Los libros en inglés que llegaban a esta categoría estaban escritos para desarrolladores individuales o para organizaciones empresariales con equipos dedicados a la transformación de la IA. Ninguno de ellos estaba escrito para el CTO de un equipo de ingeniería de 40 personas en Barcelona que necesita un caso de negocio, un marco de gobernanza, una conversación con el CISO y un diseño piloto de 30 días, todo antes del próximo trimestre.

Este libro está dirigido a ese CTO.

Nota sobre Claude 5: Fábula, Opus y Soneto

Este libro está escrito para la familia de modelos Claude 5, tal como Anthropic documentó públicamente en agosto de 2026. Sonnet 5 es el modelo principal para tareas de un solo agente con gran cantidad de código. Opus 5 es el modelo de mayor capacidad de Anthropic en agosto de 2026, adecuado para razonamientos complejos de múltiples pasos en grandes bases de código. Fable 5.1 es el modelo de orquestación documentado públicamente por Anthropic , diseñado para flujos de trabajo de coordinación de múltiples agentes. Todas las cifras de costos utilizan los precios documentados públicamente por Anthropic en agosto de 2026 y se etiquetan como estimaciones cuando implican cálculos que van más allá del precio documentado.

Cómo leer este libro

La primera parte, capítulos del 1 al 11, aborda el aspecto humano: por qué los consejos de administración preguntan sobre la IA, cuál es su coste real, cómo justificar su implementación, cómo llevar a cabo un proyecto piloto, cómo implementarlo con cincuenta ingenieros sin que la cultura organizacional se vea afectada, cómo medir lo que realmente importa y qué comunicar a su CISO. Si le quedan dos semanas para una presentación ante el consejo o tres semanas para el lanzamiento de un proyecto piloto, comience aquí y lea en orden.

La segunda parte, que abarca los capítulos 12 al 22, trata sobre el aspecto técnico: qué cambia cuando cincuenta ingenieros utilizan la misma herramienta automatizada simultáneamente, cómo crear un entorno de pruebas, cómo diseñar su archivo CLAUDE.md, cómo gestionar la degradación del contexto, cómo integrar la IA en las bases de código de producción y cómo diseñar flujos de trabajo multiagente que sean auditables y recuperables.

Cada capítulo finaliza con un documento con nombre y formato específico: una matriz de decisiones, una lista de verificación, una plantilla, un cuadro de mando. No se trata de resúmenes, sino de herramientas que se utilizan inmediatamente después de terminar el capítulo.

dirigido este libro?

Este libro está dirigido al CTO, vicepresidente de ingeniería o líder técnico responsable del desarrollo de software en su organización, a quien se le ha pedido —ya sea por parte de la junta directiva, el director ejecutivo, el director financiero o su propia conciencia profesional— que tenga una respuesta clara sobre el desarrollo basado en agentes. En concreto: empresas con entre 20 y 300 empleados y equipos de ingeniería de entre 5 y 100 personas. No se aplica a desarrolladores independientes ni a grandes empresas con una oficina dedicada a la transformación digital mediante IA.

¿Por dónde empezar?: Guía de navegación	
SITUACIÓN	EMPIEZA AQUÍ
Presentación ante la junta directiva en 30 días.	Capítulo 4 → Capítulos 1, 3, 7
El programa piloto se lanzará en 30 días.	Capítulo 5 → Capítulos 2, 6, 7
El despliegue se ha estancado: se puede acceder a él, pero no se utiliza.	Capítulo 8 → Capítulos 6, 7, 9
El CISO ha programado una revisión.	Capítulo 10 → Apéndice E, Capítulo 9
El CEO vibecode algo para producción	Capítulo 11 → Capítulos 16, 19

¿Por dónde empezar?: Guía de navegación	
Necesito cifras de retorno de la inversión para el presupuesto.	Capítulo 3 → Apéndice A, Capítulo 4
Iniciando la modernización del sistema heredado	Capítulo 18 → Capítulos 15, 16
Construir un sistema de gestión y gobernanza	Capítulo 13 → Capítulos 14, 20
Flujos de trabajo multiagente por primera vez	Capítulo 22 → Capítulos 17, 21
Leer de principio a fin	Capítulo 1 → secuencial hasta el 22

PRIMERA PARTE

El lado de la gente

Liderazgo · Cultura · Adopción · Justificación empresarial · Gobernanza

Capítulos 1–11

— CAPÍTULO 1 —

LA JUNTA YA LO PREGUNTÓ

Por qué la era de la gestión activa es un problema de liderazgo antes que un problema técnico.

Se suponía que la reunión de la junta terminaría a las cuatro. Eran las tres y cuarenta cuando Elena Vargas, la principal inversora, dejó su café y formuló la pregunta que había estado rondando la sala durante casi toda la sesión: "¿Cuál es nuestra estrategia de IA para ingeniería?".

No fue una aclaración. No fue un seguimiento de algo que estaba en la agenda. Fue una pregunta directa, durante el turno de Asuntos de la Cámara, cuando la atención de todos ya se dirigía hacia sus autos.

El director de tecnología presente en la sala —llamémosle Marcos— tenía tres respuestas completas preparadas, según cómo se planteara la pregunta. Tenía la respuesta sobre tecnología. Tenía la respuesta sobre presupuesto. Lo que no tenía era la respuesta que satisficiera a una sala donde se encontraban un director financiero que quería cifras, un inversor que buscaba posicionamiento competitivo y un director ejecutivo que acababa de pasar el fin de semana desarrollando algo en Claude y quería saber por qué aún no estaba en producción.

Marcos dijo que lo estaban estudiando. Los presentes lo aceptaron y siguieron adelante. Dos semanas después, el inversor envió un correo electrónico con un enlace a un comunicado de prensa de la competencia y una sola frase: «No lo están estudiando».

Ese correo electrónico es la razón por la que estás leyendo este libro.

1.1 La reunión de la junta directiva de cuarenta minutos que cambió el orden del día

Los consejos de administración no preguntan sobre IA porque se hayan convertido en tecnólogos. Preguntan porque las empresas de su cartera, sus asesores y sus competidores han hecho que la pregunta sea inevitable. Cuando un miembro del consejo pregunta "¿Cuál es nuestra estrategia de IA para ingeniería?", no está solicitando una sesión informativa técnica. Está preguntando una de estas tres cosas: ¿Nos estamos quedando atrás? ¿Estamos invirtiendo con prudencia? ¿Estamos en riesgo?

La respuesta incorrecta a las tres preguntas es una descripción del proceso. Decir "Tenemos un proyecto piloto en marcha, estamos evaluando los datos" suena responsable, pero no comunica nada. Lo que le indica a la junta directiva es que el director de tecnología aún no ha tomado una decisión. En 2025, el hecho de no haber tomado una decisión se convirtió en una respuesta en sí misma, y no fue bien recibida.

El cambio se produjo gradualmente y luego de forma drástica. Durante 2023 y la mayor parte de 2024, era justificable decir que "estábamos monitoreando el sector". A principios de 2025, los equipos que habían tomado decisiones estaban lanzando productos más rápido, según datos documentados. El análisis de McKinsey de enero de 2025 sobre programas estructurados de adopción de IA estimó reducciones del 20 al 45 por ciento en el tiempo del ciclo de codificación rutinario en los seis meses posteriores a la implementación, no en startups nativas de IA, sino en organizaciones de ingeniería de tamaño mediano con bases de código reales, requisitos de cumplimiento reales y equipos que necesitaban ser gestionados durante el cambio.

Para agosto de 2026, gracias al modelo Fable de Claude 5, que permitía la orquestación multiagente a escala de producción, la brecha entre las organizaciones que habían desarrollado una infraestructura de adopción y las que aún la estaban explorando se había vuelto cuantificable en términos de personal equivalente. De forma conservadora, basándonos en datos de implementación documentados de equipos de tamaño comparable, en lugar de proyecciones de proveedores, una empresa que llevaba dieciocho meses con una adopción estructurada operaba con entre un 15 y un 25 por ciento más de capacidad de ingeniería efectiva sin aumentar su plantilla.

Nada de eso ayuda a Marcos a responder la pregunta de Elena en treinta segundos. Pero sí cambia el contenido de la respuesta.

Una pregunta del consejo sobre estrategia de IA requiere tres elementos clave: una postura, un plan y una evaluación de riesgos. La postura se refiere a la decisión tomada, no a las opciones en consideración. El plan describe la ejecución con hitos específicos, no una lista de herramientas en evaluación. La evaluación de riesgos se refiere a las medidas de protección contra: riesgo de adopción, riesgo de seguridad, fallos en la gobernanza y el riesgo de que un departamento de ingeniería no adopte la IA mientras el resto del sector sí lo hace.

Los consejos de administración no quieren un tutorial de Claude Code. Quieren pruebas de que la organización de ingeniería está siendo liderada. El modo de fallo está bien documentado: los CTO que llegan a las reuniones del consejo con comparaciones de herramientas en lugar de marcos de adopción pierden credibilidad no porque su investigación sea errónea, sino porque la comparación implica indecisión, y la indecisión en esta etapa implica que el problema de liderazgo reside en el CTO, no en la tecnología.

Antes de tu próxima interacción en la junta sobre IA, escribe tres frases: una para tu postura, otra para tu plan y otra para tu nivel de riesgo. Si alguna de las tres es vaga, el capítulo que aborda ese tema se indica en el índice.

1.2 Las tres preguntas que se le hacen ahora mismo a todo CTO

Detrás de la pregunta de la junta directiva sobre la IA, hay tres cuestiones operativas que tu director financiero, tu equipo de ingeniería y tu propia intuición están analizando simultáneamente. Si te equivocas en la secuencia correcta, una implementación que funcionó en un proyecto piloto se convierte en una interrupción que te cuesta tres meses de ritmo de trabajo.

La primera pregunta es: ¿cómo adoptamos una nueva herramienta sin dañar lo que ya funciona? Esto no es tecnofobia, sino una preocupación lógica de un líder de ingeniería que ha presenciado transiciones de herramientas fallidas. Una migración a una nueva canalización de CI/CD tarda semanas en estabilizarse. Introducir el desarrollo automatizado en un flujo de trabajo de producción sin un plan de adopción estructurado genera el mismo tipo de riesgo, con la diferencia de que la superficie de ataque es mayor, ya que la herramienta afecta a todas las partes del flujo de trabajo simultáneamente, desde la primera confirmación hasta la fusión final.

Las organizaciones que cometieron errores durante la adopción de la IA siguieron un patrón específico: introdujeron la herramienta, esperaron a ver qué sucedía y luego establecieron un sistema de gobernanza para abordar los problemas surgidos. Según análisis posteriores a un incidente, la gobernanza posterior al incidente cuesta entre tres y cinco veces más en tiempo de ingeniería que la gobernanza diseñada antes del lanzamiento, según análisis retrospectivos de transiciones similares de herramientas SaaS. La clave está en diseñar la secuencia de adopción antes de que la herramienta llegue al equipo, no después.

La segunda pregunta es: ¿cuánto cuesta realmente? Esta es la que pone de manifiesto la brecha entre la narrativa del proveedor y la realidad operativa. Un equipo de ingeniería de 40 personas con el plan Max de Anthropic , a 200 dólares por desarrollador al mes, se enfrenta a 96 000 dólares anuales solo en licencias, sin contar los costes de los tokens de API adicionales a la suscripción, el tiempo de incorporación estimado en 8 a 12 horas por ingeniero con salarios medios, el aumento de la carga de revisión durante los primeros 60 días mientras los ingenieros ajustan su confianza en los resultados del agente, y la infraestructura de gobernanza que permite auditar todo esto. El capítulo 3 cubre la economía unitaria completa con una hoja de cálculo de modelado de costes. La cuestión es que la pregunta del director financiero merece una respuesta real, no una cifra de licencias que excluya el 60 % del coste total.

La tercera pregunta: ¿cómo gestionamos algo que avanza más rápido que nuestras políticas? Esta es la que la mayoría de los CTO posponen durante más tiempo, y posponerla es el error más costoso de los tres. El desarrollo automatizado produce código a un ritmo que los procesos de revisión humana no están diseñados para manejar. Un solo ingeniero que ejecute Claude Code con la paralelización adecuada puede generar solicitudes de extracción a un ritmo que requiere que dos o tres revisores las evalúen en tiempo real. La cuestión de la gobernanza no es si establecer políticas, sino cómo establecer políticas lo suficientemente específicas para ser protectoras y lo suficientemente flexibles para no convertirse en la razón por la que la adopción se estanque en el 30 % del equipo.

Los capítulos 9 y 10 abordan este tema en detalle. En resumen: su marco de gobernanza debe existir antes de que la herramienta esté en manos de su equipo.

1.3 Por qué los tutoriales no pueden responder a las necesidades de liderazgo

Todos los tutoriales de Claude Code parten de la misma premisa: un desarrollador, un código fuente, una tarea y control total del entorno. Esta premisa está tan arraigada en el formato del tutorial que la mayoría de los autores ni siquiera la mencionan. Su lector está solo frente a su portátil, trabajando en un proyecto personal, sin colaboradores ni ingenieros a su lado.

Tú no eres ese lector.

La brecha entre las ganancias de productividad individuales y la adopción organizacional a gran escala no es una cuestión de grado. Se trata de un problema de otra índole. Un desarrollador que utiliza Claude Code en un proyecto personal y observa un aumento de productividad del 30 % —en consonancia con los informes documentados de profesionales de 2025 y 2026— experimenta una cosa. Un director de tecnología que implementa esa herramienta en 50 ingenieros, con una base de código compartida, un proceso de revisión ya establecido, un director de seguridad de la información que debe aprobar el manejo de datos, un director financiero que necesita el retorno de la inversión y un equipo cuya respuesta psicológica a la transición varía desde el entusiasmo hasta la hostilidad silenciosa, experimenta algo estructuralmente distinto.

Los tutoriales no abarcan la dinámica organizativa de la adopción. No explican qué sucede con la tasa de defectos entre la segunda y la sexta semana, antes de que los ingenieros hayan perfeccionado sus criterios de revisión para el código generado por IA. No explican el archivo CLAUDE.md, que determina si los agentes se comportan de forma consistente en toda la organización de ingeniería o según las preferencias individuales de cada desarrollador. Tampoco explican el caso del ingeniero que, convencido de que el desarrollo con agentes hará que su función sea redundante, se limita a ofrecer la mínima interacción posible con el programa piloto.

Es tu responsabilidad cerrar esta brecha. No porque debas ser la persona más experta en tecnología —ese no es el objetivo—, sino porque las decisiones que determinan si el desarrollo asistido por IA se convierte en una verdadera capacidad organizacional o en un experimento costoso abandonado a los seis meses son decisiones de liderazgo. Estas decisiones se encuentran en el plan de adopción, el marco de gobernanza, el sistema de medición y la estrategia de comunicación. Ninguno de estos aspectos son problemas de ingeniería en el sentido técnico. Todos ellos son problemas de liderazgo en ingeniería en el sentido organizacional.

El problema radica en la delegación. Un director de tecnología que delega la cuestión de la adopción por completo a un ingeniero sénior o a un recién nombrado "líder de IA" sin asumir la responsabilidad directa de los resultados organizacionales se llevará una sorpresa en la reunión de la junta directiva al octavo mes. No porque el ingeniero haya fallado técnicamente —puede que haga un trabajo excelente— sino porque la resistencia organizacional, la justificación presupuestaria y la conversación con el CISO exigen decisiones que solo el director de tecnología puede tomar.

Sus ingenieros pueden ejecutar el trabajo. La responsabilidad recae sobre usted.

1.4 Dónde se encuentra realmente su equipo: Autoevaluación de la curva de adopción

Para que cualquier marco conceptual de este libro sea útil, es necesario tener una visión precisa de la situación actual de su organización. No de dónde le gustaría que estuviera, ni de hacia dónde sugerían los resultados del programa piloto, sino de dónde se encuentra realmente, en las seis dimensiones que determinan si un esfuerzo de adopción de IA genera una capacidad organizacional genuina o una capa superficial de uso de herramientas que desaparece cuando los primeros usuarios se dedican a otros proyectos.

Las seis dimensiones son concienciación, herramientas, procesos, gobernanza, medición y cultura. No todas tienen la misma importancia ni evolucionan de forma sincronizada. Una organización puede ser sofisticada en herramientas y rudimentaria en gobernanza. Puede tener un marco de medición claro y una cultura abiertamente hostil a lo que muestran las mediciones. Saber en qué punto se encuentra en cada dimensión le indicará dónde invertir los próximos 90 días y qué capítulos de este libro leer primero.

La concienciación se refiere a si el liderazgo de ingeniería tiene una comprensión compartida y precisa de qué es y qué no es el desarrollo agéntico. Las herramientas se refieren a si la infraestructura (acceso, permisos, CLAUDE.md, configuración del arnés) existe y es consistente en todo el equipo. El proceso se refiere a si el flujo de trabajo se ha modificado deliberadamente para adaptarse a la salida generada por IA, o si se está ejecutando un proceso de revisión de 2023 sobre un volumen de código de 2026. La gobernanza se refiere a si se tiene una política escrita, revisada y comunicada que cubra las decisiones que enfrentará el equipo. La medición se refiere a si se tienen datos de referencia previos a la adopción con los que comparar el rendimiento actual. La cultura se refiere a si el equipo cree que esta transición está siendo liderada o simplemente les está ocurriendo.

Califica cada dimensión con honestidad. Utiliza la matriz que aparece a continuación antes de leer el Capítulo 2.

Autoevaluación de la curva de adopción

Califica cada dimensión del 1 al 4. Suma tu puntuación y lee el diagnóstico correspondiente.

Dimensión	1 — No iniciado	2 — Parcial	3 — Funcional	4 — Maduro
Conciencia	No existe una definición compartida de desarrollo de la capacidad de acción a nivel de liderazgo.	Conocimiento únicamente a nivel directivo; el equipo tiene una comprensión mixta.	El liderazgo y la mayoría de los ingenieros comparten una definición de trabajo precisa.	Comprensión coherente y precisa desde el nivel de la junta directiva hasta el colaborador individual.
Estampación	No existe acceso ni configuración.	Existe acceso; no hay una configuración consistente en todo el equipo.	Acceso y CLAUDE.md en su lugar; arnés parcialmente configurado.	Arnés completo, CLAUDE.md consistente, permisos probados en todo el equipo
Proceso	El flujo de trabajo	Solo ajustes informales; no	Cambios documentados	El proceso de revisión, las

Dimensión	1 — No iniciado	2 — Parcial	3 — Funcional	4 — Maduro
	existente permanece sin cambios.	hay cambios documentados.	en el flujo de trabajo para la revisión de código generado por IA	directrices de relaciones públicas y los puntos de control de CI/CD están completamente actualizados y en uso.
Gobernancia	No existe ninguna política	Política redactada pero no revisada ni comunicada.	Política revisada por el departamento legal; comunicada al equipo de ingeniería.	Política revisada, comunicada, con control de versiones y probada en escenarios reales.
Medición	No se recopilaron datos de referencia	Datos de referencia recopilados para una o dos métricas.	Se recopilaron datos de referencia sobre el tiempo de ciclo, la tasa de defectos y la satisfacción del equipo.	Datos de referencia completos más datos de tendencia de 30 y 60 días activos
Cultura	Resistencia activa o ansiedad no abordada	Variado; los primeros usuarios se muestran comprometidos,	La mayor parte del equipo participó; las preocupaciones fueron	El equipo es responsable de la transición; los promotores internos están

Dimensión	1 — No iniciado	2 — Parcial	3 — Funcional	4 — Maduro
		la mayoría de los ingenieros son pasivos.	reconocidas y abordadas abiertamente.	activos; se aborda la resistencia individual.

Interpretación de la puntuación:

20 a 24: Su organización cuenta con la infraestructura necesaria para implementar de inmediato los marcos de trabajo descritos en este libro. Concéntrese en los capítulos 5 y 6 para la secuencia de implementación.

De 14 a 19 años: Base sólida con algunas deficiencias. Identifica tus dos áreas con menor puntuación y lee esos capítulos antes que los demás.

8 a 13: Te encuentras en una etapa más temprana de la curva de adopción de lo que sugieren los resultados del programa piloto. Los capítulos 2, 8 y 9 abordan las deficiencias fundamentales que hacen que las preguntas sobre herramientas y procesos sean productivas.

De 6 a 7 — Comience con el Capítulo 2 y complete el ejercicio práctico de medio día antes que nada. Los marcos de trabajo de los capítulos posteriores requieren condiciones organizativas que aún no existen.

— CAPÍTULO 2 —

¿QUÉ SIGNIFICA REALMENTE EL DESARROLLO DE AGENTES PARA TU EQUIPO?

Una explicación a nivel de liderazgo sobre qué cambia cuando la IA pasa de asistente a agente.

Sara Chen llevaba seis años al frente de su departamento de ingeniería cuando se reunió con Claude Code durante toda una tarde, en lugar de asistir a una demostración. Había aprobado las licencias de Cursor ocho meses antes. Había visto el lanzamiento de GitHub Copilot. Creía comprender el desarrollo asistido por IA.

Le asignó al agente una tarea real: una modesta refactorización de la API en tres módulos del servicio de pagos. Esperaba revisar las sugerencias. Lo que no esperaba era que el agente analizara el código fuente circundante para obtener contexto, identificara una inconsistencia de dependencia que ella no había mencionado, planificara una secuencia de varios pasos, la ejecutara en los tres archivos, ejecutara el conjunto de pruebas existente, encontrara un fallo, lo diagnosticara, corrigiera su propio enfoque y presentara una diferencia impecable veinticuatro minutos después.

La diferencia era buena. No perfecta —se nos escapó un caso límite—, pero realmente buena. Su primer pensamiento no fue sobre la tecnología. Fue más bien: mi equipo no entiende qué es esto, y yo tampoco hasta ahora.

Tenía programada una reunión con los ciudadanos para el jueves, pero la pospuso para la semana siguiente.

Esa es la decisión que este capítulo pretende respaldar.

2.1 La diferencia entre IA asistida e IA autónoma, y por qué es importante para tu forma de liderar.

Los sistemas asistidos por IA y los sistemas basados en agentes de IA comparten una categoría, pero poco más. La distinción determina cómo se gestiona la transición, cómo se diseña la gobernanza y qué se comunica en las reuniones generales.

Las herramientas asistidas por IA funcionan mediante un modelo de sugerencias. GitHub Copilot es el ejemplo más claro: el ingeniero escribe, la herramienta propone una solución y el ingeniero la acepta o la rechaza. El control nunca abandona al usuario. El ciclo de retroalimentación es inmediato, el ingeniero es el protagonista en todo momento y la carga cognitiva de la evaluación recae completamente en la persona que está frente al teclado.

El desarrollo agéntico es estructuralmente diferente. Cuando un ingeniero le da a Claude Code, usando Sonnet 5 (el modelo principal de Anthropic para tareas de un solo agente con uso intensivo de código, documentado públicamente desde agosto de 2026), una tarea como "refactorizar el módulo de autenticación para usar el nuevo esquema de token", el agente lee los archivos relevantes, elabora un plan, ejecuta una secuencia de ediciones de archivos y comandos de terminal, evalúa el resultado de cada paso, se ajusta cuando encuentra algo inesperado y produce un resultado. El ingeniero no participa en el proceso durante la ejecución. Participa antes de que comience y después de que termine.

Esto cambia tres cosas que son importantes para tu forma de liderar.

En primer lugar, cambia la unidad de trabajo. En el desarrollo asistido por IA, la unidad es una línea o bloque de código. En el desarrollo con agentes, es una tarea: horas de trabajo de ingeniería comprimidas en minutos de ejecución del agente. Los informes documentados de profesionales de 2025 y 2026 muestran reducciones en el tiempo de ciclo de entre el 20 y el 45 por ciento en tareas bien definidas, con mayores beneficios en trabajos que requieren muchos patrones, como la refactorización y la generación de pruebas, y resultados neutros o negativos en problemas de arquitectura novedosos y depuración de la gestión de estado.

En segundo lugar, modifica la obligación de revisión. Cuando el código se genera a la velocidad de un agente, el proceso de revisión debe adaptarse o convertirse en un cuello de botella. Un ingeniero que revisa el resultado de un agente no es lo mismo que un ingeniero que revisa su propio código: la relación psicológica con el trabajo difiere, los patrones de error difieren y las habilidades de revisión requeridas son parcialmente diferentes. El proceso actual se diseñó para una tasa de entrada y una distribución de errores diferentes.

En tercer lugar, cambia el valor del tiempo de los ingenieros sénior. La afirmación de que el desarrollo agéntico "libera a los ingenieros para que se centren en la arquitectura" es parcialmente cierta y, sin embargo, está muy simplificada. La sección 2.4 corrige esto específicamente. Lo que sí cambia es dónde se invierte el tiempo más valioso de los ingenieros sénior: no en escribir código que un agente bien configurado pueda escribir de forma fiable, sino en las decisiones y los juicios de revisión que determinan si el resultado del agente apunta en una dirección lógica.

La acción previa a su próxima reunión general: realice el ejercicio de la Sección 2.2. La experiencia personal del ciclo completo de agentes —no una demostración de cinco minutos— es el requisito previo para liderar su adopción con precisión.

2.2 El ejercicio de medio día que todo líder de ingeniería debe realizar antes de liderar esta transición

Cuatro horas. Una sola tarea. Sin público, sin agenda, sin nadie mirando.

Este es el requisito previo más importante de este libro, y es el que la mayoría de los CTO omiten. No porque discrepen con el principio —la mayoría de los líderes entienden intelectualmente que deben experimentar lo que experimenta su equipo—, sino porque el calendario no incluye un bloque de cuatro horas dedicado a «familiarizarme personalmente con la herramienta que voy a pedir a 50 ingenieros que adopten».

Bloquéalo. Aquí te explicamos exactamente qué hacer.

Elige una tarea de tu código fuente. Debe ser lo suficientemente real como para que el resultado importe, pero no tan crítica como para que un error provoque un incidente: ampliar un conjunto de pruebas, revisar la documentación de un módulo que nadie ha tocado en un año, o refactorizar un servicio cuya lógica es clara pero cuya implementación es caótica. La tarea debe ser algo que un ingeniero de nivel medio de tu equipo pueda completar en dos o cuatro horas sin ayuda.

Asigna la tarea a Claude Code. Escribe una descripción clara y específica de la tarea, de no más de tres oraciones. Incluye el contexto relevante: qué hace el módulo, cuál es el objetivo y qué restricciones se aplican. No escribas una instrucción que sea un párrafo.

Luego, observa lo que hace el agente. No intervengas a menos que te haga una pregunta directa. Déjalo funcionar. Fíjate en lo que lee sin que se lo pidas, cómo maneja una ambigüedad durante la tarea, si su resultado coincide con la intención o la descripción literal, y dónde produce algo que parece plausible pero es incorrecto.

Esa última observación es la que cambia la forma en que lideras el despliegue. Todos los líderes de ingeniería que han realizado este ejercicio coinciden en lo mismo: los errores del agente no son aleatorios. Aparecen en puntos de decisión específicos: condiciones límite, convenciones implícitas, lógica de negocio que no está codificada en el código. Conocer este patrón antes de la primera reunión general determina lo que dices sobre los procesos de revisión y te permite distinguir las expectativas realistas de aquellas en las que tu equipo dejará de creer en la tercera semana.

Tras la sesión, escriba tres frases: qué hizo bien el agente, en qué falló y qué necesitaría su proceso de revisión para detectar el fallo observado. Estas tres frases constituyen la base del plan de comunicación del Capítulo 8.

Si no puede completar este ejercicio antes de su próxima reunión general sobre IA, posponga dicha reunión.

2.3 Cómo cambia realmente el trabajo: tiempo de ingeniería, carga de revisión y definición de "terminado"

La narrativa sobre la productividad en el desarrollo basado en agentes suele contarse en términos de lo que ganan los ingenieros . La realidad es lo que sacrifican.

Antes del desarrollo agéntico, un ingeniero que trabajaba en una tarea de funcionalidad bien definida dedicaba aproximadamente entre el 35 y el 45 por ciento de su tiempo a escribir código. Esta estimación se basa en un análisis de seguimiento del tiempo realizado en organizaciones de ingeniería SaaS comparables, utilizando la metodología de tiempo de codificación activa frente al tiempo total de la tarea, incluyendo cambios de contexto, reuniones y revisiones. El resto se dedicaba a leer código existente, depurar, escribir pruebas y revisar el trabajo de otros. La proporción entre escritura de código y otras actividades se acercaba más al 40/60 de lo que la mayoría de los ingenieros o sus gerentes podrían suponer.

El desarrollo basado en agentes reduce el tiempo dedicado a la escritura de código. Una tarea que requiere cuatro horas de codificación concentrada puede generar resultados similares en 20 a 40 minutos de ejecución por parte del agente. Lo que no reduce —y en algunos casos aumenta— es el trabajo previo de especificación de la tarea, que requiere mayor precisión que la planificación mental que realiza un ingeniero sénior antes de escribir; el trabajo de revisión, cuyo volumen aumenta debido a la mayor tasa de producción del agente; y el trabajo de depuración para los modos de fallo específicos que los agentes producen de forma fiable, los cuales difieren de los modos de fallo que los ingenieros humanos producen de forma fiable.

Distribución del tiempo de ingeniería tras la adopción estructurada de agentes, según informes de los propios profesionales de equipos con más de 60 días de implementación: la escritura de código disminuye del 35-45 % del tiempo total de la tarea al 10-15 %. La especificación de tareas aumenta de casi cero al 10-20 %. El trabajo de revisión aumenta del 15-20 % al 25-35 %, impulsado por el volumen de resultados. La depuración cambia de naturaleza más que de volumen: se dedica menos tiempo a errores humanos y más tiempo a errores de agentes.

La definición de "terminado" cambia de una manera que la mayoría de los planes de implementación pasan por alto. Antes del desarrollo autómata, "terminado" implícitamente significaba "lo escribí, lo revisé, lo entiendo". Después del desarrollo autómata, un ingeniero puede fusionar código que no escribió, que no comprende completamente y que no puede depurar fácilmente si algo falla en producción a las 2 de la madrugada. Esto no es hipotético: es la causa documentada de una categoría específica de incidentes en la que los ingenieros no pudieron razonar sobre código que había pasado todas las comprobaciones automatizadas.

Redefina el concepto de "terminado" antes del lanzamiento, no después del primer incidente. Para los resultados generados por IA, el ingeniero revisor debe poder explicar en dos frases qué hace el código y por qué el enfoque del agente es correcto. Si no puede, la solicitud de extracción no se fusionará. Esto retrasa las primeras cuatro semanas y evita un fallo de depuración del que resulta realmente difícil recuperarse.

2.4 Los cinco conceptos erróneos que los CTO llevan a su primera reunión general sobre IA

Estas cinco afirmaciones aparecen en presentaciones de proveedores, charlas en conferencias y en los informes que los entusiastas de la IA bienintencionados de tu equipo envían antes de la reunión general. Suenan razonables de forma aislada. Pero se desmoronan en la primera semana de uso real en equipo.

Primer error conceptual: «Escribe el código para que los ingenieros puedan centrarse en la arquitectura». Es parcialmente cierto, pero en gran medida engañoso. Los agentes escriben código para tareas bien definidas con entradas y salidas claras: refactorización, generación de pruebas, documentación, replicación de patrones. No escriben arquitectura novedosa. El trabajo de revisión, especificación y depuración que generan compite directamente con el tiempo dedicado a la arquitectura que promete esta afirmación. Los ingenieros que asignan agentes a tareas complejas y mal definidas dedican más tiempo a corregir los resultados que el que habrían dedicado a escribir el código ellos mismos.

Segundo error conceptual: "Las mejoras en la productividad son inmediatas". El patrón documentado en implementaciones de ingeniería de tamaño mediano muestra una caída en la productividad entre la segunda y la sexta semana antes de que se materialicen las mejoras. Los ingenieros están perfeccionando sus habilidades de revisión y desarrollando la disciplina de especificación que requiere el desarrollo proactivo. Los equipos que miden demasiado pronto, obtienen resultados decepcionantes y abandonan la implementación lo hacen justo cuando la inversión estaba a punto de dar sus frutos.

Tercer error conceptual: «A nuestros mejores ingenieros les encantará». El entusiasmo inicial proviene de ingenieros que manejan grandes volúmenes de trabajo bien definido y estructurado, y que reconocen de inmediato lo que el agente puede hacer para ese tipo de tarea. Los ingenieros sénior, que dedican la mayor parte de su tiempo a problemas ambiguos y de arquitectura compleja, suelen ser los más escépticos, y su escepticismo suele ser legítimo. El entusiasmo de un tipo de ingeniero no implica el consenso del equipo.

Cuarto error conceptual: «Podemos gestionarlo una vez que entendamos cómo lo usa el equipo». La gestión diseñada después de que comienza la adopción cuesta mucho más de implementar que la diseñada antes del lanzamiento. Los hábitos adquiridos durante el período sin gestión son difíciles de cambiar, los datos de ese período tienen un valor de medición limitado y los incidentes ocurridos durante el mismo son lo primero que le preguntará a su CISO.

Quinto error conceptual: «Si las pruebas pasan, el código está bien». Las pruebas detectan lo que se supone que deben detectar. El código generado por agentes introduce una clase de error específica: implementaciones plausibles que cumplen con la especificación de la prueba, pero que violan una suposición de negocio implícita no codificada en la prueba, y que las suites existentes a menudo no detectan. El capítulo 19 aborda este tema en el nivel de control de calidad. Antes de la reunión general: elimine esta afirmación de sus diapositivas si aparece.

2.5 Un vocabulario compartido para toda su organización

La señal más fiable de que la adopción de la IA va mal es cuando el equipo de ingeniería, el equipo de producto y el director financiero usan la misma palabra para referirse a tres cosas distintas. "Agente" es la víctima más común: los ingenieros se refieren a un sistema autónomo basado en bucles, los gerentes de producto a algo vagamente sacado de la ficción, y el director financiero no está seguro de si se refiere a una herramienta o a un consultor externo.

Unificar el vocabulario no es tarea fácil. Es un requisito indispensable para cualquier conversación sobre gobernanza, presupuesto y riesgos en los próximos doce meses. Cuando el CISO pregunte si el agente tiene acceso a los datos de producción, ambas partes deben entender lo mismo por "agente".

> Doce términos requieren alineación organizacional antes de que cualquier marco de adopción se implemente correctamente. No son jerga gratuita, sino el vocabulario fundamental del desarrollo proactivo. Una comprensión imprecisa de cualquiera de ellos genera una brecha previsible en la gobernanza, la medición o la comunicación del equipo.
>
> Distribuye el marco de vocabulario que aparece a continuación antes de tu primera reunión general. Pide a cada asistente que lo lea con antelación. Inicia la reunión con cinco minutos de preguntas sobre cualquier definición que no quede clara. Esto permite detectar posibles malentendidos antes de que influyan en la forma en que tu equipo aborda la adopción, y demuestra que la conversación sobre el desarrollo autónomo en tu organización se llevará a cabo con precisión, en lugar de con un entusiasmo indefinido.
>
> El error radica en asumir que el vocabulario es obvio. "Paralelización" significa ejecutar varios agentes simultáneamente en tareas separadas. La mayoría de los ingenieros lo saben. Algunos asumen que significa que un agente trabaja más rápido. Esta suposición, si no se corrige, genera una política de gobernanza y un modelo de costos basados en una comprensión errónea de lo que realmente hace el equipo.

Marco de vocabulario compartido

> Doce términos para uso interfuncional: distribúyalos antes de su primera reunión general sobre desarrollo de agentes.

Término	Definición precisa	¿Quién necesita entender esto?
Agente	Un sistema de software que recibe una tarea, planifica una secuencia de acciones, las ejecuta utilizando las herramientas disponibles y evalúa su propio resultado sin esperar la intervención humana en cada paso.	Ingeniería, Producto, Liderazgo, Asuntos Legales
Aprovechar	La capa de configuración que rige lo que un agente tiene permitido leer, escribir, ejecutar y acceder: los límites que hacen que el desarrollo de agentes sea auditable y gobernable.	Ingeniería, CISO, Asuntos Legales
Ventana de contexto	La cantidad total de información que un agente puede mantener en la memoria activa durante una sola sesión (código, instrucciones, historial de conversación y resultados) compiten por este espacio fijo.	Ingeniería, Producto
Bucle	El ciclo en el que un agente actúa, evalúa su resultado y vuelve a	Ingeniería, CISO

Término	Definición precisa	¿Quién necesita entender esto?
	actuar: los bucles continúan hasta que se cumple una condición definida o se alcanza un límite.	
Gancho	Una comprobación automatizada que se ejecuta antes o después de una acción del agente: valida la intención antes de la ejecución y verifica el resultado antes de que entre en el flujo de trabajo de ingeniería.	Ingeniería, CISO
CLAUDE.md	Un archivo de configuración que proporciona al agente sus instrucciones permanentes para su código fuente: convenciones, límites de riesgo, reglas de flujo de trabajo y comportamiento de escalamiento.	Ingeniería, Liderazgo
Subagente	Un agente especializado que opera bajo la dirección de un agente orquestador, utilizado cuando una tarea se	Ingeniería

Término	Definición precisa	¿Quién necesita entender esto?
	beneficia de la ejecución en paralelo o del contexto específico del dominio.	
Orquestación	La coordinación de múltiples agentes que trabajan en tareas relacionadas: determinar qué se ejecuta en paralelo, qué se ejecuta secuencialmente y cómo se combinan los resultados.	Ingeniería, Liderazgo
Vibecoding	Desarrollar software mediante la introducción de descripciones de alto nivel en una herramienta de IA y la aceptación de su resultado con una revisión mínima: prototipo rápido, pero que normalmente requiere una corrección significativa antes de su implementación en producción.	Todos los equipos
Paralelización	Ejecutar varias tareas de agentes simultáneamente en flujos de trabajo	Ingeniería, CISO

Término	Definición precisa	¿Quién necesita entender esto?
	separados y aislados multiplica el volumen de producción, pero requiere una gobernanza deliberada para evitar conflictos.	
Gráfico	Una estructura de flujo de trabajo multiagente en la que los agentes con roles definidos operan en una red coordinada, utilizada para tareas complejas que superan lo que un solo agente secuencial puede manejar de manera confiable.	Ingeniería
Aislamiento	La separación técnica de los entornos de ejecución de agentes impide que una acción en un contexto afecte a otro contexto de forma involuntaria.	Ingeniería, CISO

— CAPÍTULO 3 —

EL COSTE REAL DEL DESARROLLO ASISTIDO POR IA

El capítulo que su director financiero le pedirá que le envíe

---

El director financiero reenvió la página de precios de Anthropic un martes por la tarde sin asunto, solo una captura de pantalla de la página de facturación del plan Max y nueve palabras: "40 ingenieros a 200 dólares al mes. ¿Cuál es el retorno de la inversión?".

El director de tecnología ya esperaba esta pregunta desde que se conocieron los resultados del programa piloto tres semanas antes. El piloto funcionó. La decisión de ampliarlo ya estaba tomada en principio. Lo que faltaba era hacer los cálculos para convertir ese éxito en una cifra que el director financiero pudiera presentar ante la junta directiva.

Los resultados del equipo piloto mostraron una reducción del 28 % en el tiempo de ciclo de las tareas estructuradas. Eso era real. Lo que no se había registrado: las ocho horas por ingeniero dedicadas a la incorporación en las semanas uno y dos, el aumento de la carga de revisión durante las semanas tres a seis mientras el equipo ajustaba su confianza en el rendimiento de los agentes, y los dos sprints en los que la velocidad disminuyó antes de recuperarse.

La cuota de licencia ascendía a 96.000 dólares anuales. El coste real del primer año, una vez contabilizadas todas las categorías de gastos, se situó en torno a los 190.000 dólares.

El director financiero necesitaba una cifra defendible. Este capítulo la desarrolla.

3.1 Lo que la presentación del proveedor no muestra: Costo total de propiedad

El costo de la licencia es la cifra principal en cualquier conversación con proveedores y el elemento más pequeño en el cálculo real de costos. Una organización de ingeniería de 40 personas con el plan Max de Anthropic, a $200 por desarrollador al mes, enfrenta un costo anual de $96,000 en cuotas de suscripción; este es el precio público vigente en agosto de 2026, según la estructura documentada del plan de Anthropic . Lo que el proveedor no muestra son las cinco categorías de costos adicionales.

Tiempo de incorporación. Los ingenieros no logran una delegación de tareas consistente y confiable solo leyendo la documentación. Según informes de profesionales de equipos que realizaron un seguimiento explícito de la incorporación, se estima que se requieren de 8 a 12 horas por ingeniero de aprendizaje activo antes de que sea posible un trabajo productivo como agente. Metodología: tiempo desde el primer acceso hasta la primera tarea exitosa de forma independiente para un ingeniero de nivel medio. Con un salario promedio de nivel medio de 65.000 € al año en el mercado español, esto se traduce en un costo de incorporación de entre 290 € y 435 € por ingeniero antes de que se genere una sola hora productiva. Para 40 ingenieros: entre 11.600 € y 17.400 €.

Sobrecarga de gestión de contexto. Ejecutar Claude Code con Sonnet 5 en una base de código extensa y con estructura inconsistente genera decisiones de contexto que los ingenieros no pueden automatizar por completo durante los primeros tres meses. El tiempo dedicado a decidir qué cargar, restablecer sesiones degradadas y ajustar CLAUDE.md para diferentes tipos de tareas representa tiempo real de ingeniería. Según informes de profesionales, se estima entre 30 y 60 minutos por ingeniero por semana durante los primeros 90 días, reduciéndose a entre 10 y 20 minutos por semana una vez alcanzado el estado estable.

Aumento de la carga de trabajo de revisión. El volumen de trabajo de los agentes supera el de los humanos en tareas bien definidas. Un ingeniero que antes fusionaba de tres a cinco solicitudes de extracción por semana ahora puede revisar de ocho a catorce, según el tipo de tarea y la paralelización. El tiempo de revisión por solicitud de extracción no disminuye proporcionalmente porque los patrones de error de los agentes difieren de los de los humanos. Estimación: aumento del 20 al 35 por ciento en las horas de revisión por ingeniero durante los primeros 60 días, según implementaciones de equipos comparables.

Integración de herramientas. Conectar Claude Code con su canalización de CI/CD, herramientas de revisión de código y registro de auditoría requiere tiempo de ingeniería. Para un equipo con una canalización existente y consolidada, se estima entre 40 y 80 horas de trabajo de ingenieros sénior para la integración inicial, más entre 4 y 8 horas mensuales de mantenimiento.

Infraestructura de gobernanza. Redactar la política, diseñar el sistema, crear las plantillas CLAUDE.md y realizar la revisión de cumplimiento no son gratuitos. Estimación: entre 20 y 40 horas de trabajo combinado de ingeniería y asesoría legal antes de que cualquier ingeniero ajeno al proyecto piloto tenga acceso a una implementación gobernada.

Si se suman estas cinco categorías, el coste real del primer año de implementación de Claude Code en un equipo de 40 personas en el mercado español se sitúa entre 160.000 € y 210.000 €, y no los 86.400 € que sugiere el titular de la licencia. Calcule el coste total antes de la reunión con la junta directiva, no después.

3.2 Economía de la unidad en tres tamaños de equipo: Las matemáticas detrás de la decisión

La economía unitaria del desarrollo asistido por IA varía de forma no lineal con el tamaño del equipo, ya que los costes fijos (gobernanza, integración, configuración del sistema, diseño de CLAUDE.md) no aumentan con el número de empleados, mientras que la productividad sí lo hace.

Todas las cifras que figuran a continuación son estimaciones que utilizan esta metodología: licencia según los precios públicos documentados de Anthropic (agosto de 2026), costes laborales según los salarios medios publicados del sector tecnológico de la UE, valor de la productividad según el porcentaje de mejora estimado aplicado al coste total de ingeniería.

Equipo de 5 ingenieros. Costo anual de licencia en Anthropic Max: $12,000. Estimación de incorporación: $2,900 a $4,350 en mano de obra cargada. Integración de la cadena de herramientas: 40 a 60 horas de tiempo de ingeniería senior, estimado en $4,000 a $6,000. Gobernanza: 20 a 30 horas combinadas, estimado en $2,500 a $3,500. Estimación de costo total del primer año: $21,400 a $25,850. Frente a esto, una mejora del tiempo de ciclo del 20 por ciento en 5 ingenieros con un costo anual combinado de $130,000 totalmente cargado regresa aproximadamente $130,000 en valor de productividad anual. Punto de equilibrio: meses 3 a 5. El equipo pequeño absorbe costos fijos desproporcionadamente, pero se recupera rápidamente porque el aumento porcentual se aplica a una base de ingeniería de alto valor.

Equipo de 25 ingenieros. Costo anual de licencia: $60,000. Estimación de incorporación: $14,500 a $21,750. La integración y gobernanza de la cadena de herramientas tienen el mismo costo fijo que el equipo de 5 personas; la infraestructura no se multiplica con el número de empleados. Estimación total del primer año: $84,000 a $100,000. Frente a una mejora del tiempo de ciclo del 25 por ciento en 25 ingenieros a la misma tasa combinada: aproximadamente $812,500 en valor de productividad anual. Punto de equilibrio: meses 2 a 4. El equipo de 25 personas es el tamaño de implementación más favorable económicamente en relación con la estructura de costos fijos.

Equipo de 100 ingenieros. Costo anual de licencia: $240,000. Estimación de incorporación: $58,000 a $87,000. La integración de la cadena de herramientas se escala modestamente para entornos de canalización más complejos, estima de 60 a 100 horas en total. La gobernanza se escala en comunicación y gestión de implementación, no en diseño de políticas: agregue de 40 a 60 horas adicionales para la gestión de implementación de equipos grandes. Estimación total del primer año: $313,000 a $388,000. Frente a una mejora del tiempo de ciclo del 20 por ciento en 100 ingenieros a $130,000 completamente cargados: aproximadamente $2,600,000 en valor de productividad anual. Punto de equilibrio: 8 a 10 semanas de adopción funcional. El equipo de 100 personas tiene el costo absoluto más alto y el punto de equilibrio más rápido cuando la adopción está estructurada.

3.3 Claude Code vs. Codex vs. Cursor: Una comparación de costos reales

La comparación de costos publicada más útil en esta categoría proviene de un análisis de Teamvoy sobre implementaciones en industrias reguladas de agosto de 2026: una tarea documentada de refactorización de Express.js costó aproximadamente $15 en OpenAI Codex frente a aproximadamente $155 en Claude Code usando Opus 5. El mismo análisis encontró que los revisores de código anónimos prefirieron el resultado de Claude Code en el 67 por ciento de las evaluaciones.

Estas dos cifras, en conjunto, definen la decisión final. Claude Code cuesta aproximadamente diez veces más por tipo de tarea comparable y produce resultados que los revisores prefieren en aproximadamente dos tercios de los casos. Si esta proporción justifica el costo depende de la composición de la tarea, la tolerancia al error y el costo posterior de un resultado subóptimo en el código fuente.

Para tareas con muchos patrones —refactorización, generación de pruebas, documentación, actualizaciones de dependencias— la diferencia de calidad entre las herramientas se reduce. Codex las gestiona con competencia a un coste por tarea sustancialmente menor. El análisis de Teamvoy reveló que la mayoría de las organizaciones de ingeniería maduras que utilizan ambas herramientas optaron por Claude Code como la herramienta principal para trabajos complejos y con dependencia contextual, y por Codex como revisor asíncrono y punto de acceso para tareas de menor importancia. Vale la pena modelar explícitamente esta división: si el 30 % del trabajo de su equipo es realmente complejo y con dependencia contextual, y el 70 % restante se basa en patrones, el coste de su combinación de herramientas será muy diferente al de una implementación de una sola herramienta en cualquiera de los extremos.

Cursor se sitúa en una categoría distinta a la de ambos. Es principalmente una herramienta integrada en un IDE, en lugar de un sistema basado en agentes con interfaz de línea de comandos (CLI). Para la productividad de desarrolladores individuales en tareas de codificación bien definidas dentro de un único archivo o módulo, la estrecha integración de Cursor con el IDE agiliza la iteración en comparación con el flujo de trabajo basado en terminal de Claude Code. El coste por interacción productiva es menor. La superficie de gobernanza también difiere: las herramientas IDE que operan en el entorno local del desarrollador plantean cuestiones de gestión de datos distintas a las de las herramientas CLI configuradas para acceder a recursos de red y del sistema de archivos más amplios. El capítulo 9 aborda las implicaciones políticas de esta distinción para implementaciones con múltiples herramientas.

El error común radica en elegir una sola herramienta y basar todo el modelo de costos en ella. La mayoría de los equipos que en 2026 llevaban más de seis meses implementando el desarrollo de agentes utilizaban al menos dos herramientas. Elabore su modelo de costos para la combinación que realmente utilizará, no para la única herramienta presentada en el programa piloto.

3.4 El cálculo del punto de equilibrio que le pedirá su director financiero

El punto de equilibrio es aquel en el que el valor de la productividad obtenida supera el costo total invertido. El director financiero quiere ver este valor calculado, no estimado de forma informal. A continuación, se presenta la metodología en cuatro pasos.

Primer paso: determine su coste base de ingeniería. Tome su nómina anual total de ingeniería (salarios, cotizaciones a la seguridad social, prestaciones) y divídala entre el número de empleados. Este es su coste anual por ingeniero con todos los gastos incluidos. En el mercado español, para una empresa tecnológica de tamaño medio, una estimación razonable a partir de 2026 es de entre 75.000 € y 95.000 € por ingeniero con todos los gastos incluidos, dependiendo de la antigüedad. Utilice la cifra real con todos los gastos incluidos, no el salario que aparece en la oferta de empleo. Las cotizaciones a la seguridad social en España representan entre el 29 % y el 32 % del salario bruto y no se incluyen en las cifras que la mayoría de los directivos suelen utilizar.

Segundo paso: estime su tasa de aumento de productividad de forma conservadora. No utilice la cifra más alta de una presentación del proveedor. Utilice los datos de su prueba piloto, aplicados únicamente al porcentaje de trabajo en el que el desarrollo de agentes produjo mejoras fiables. Si su equipo dedica el 40 % del tiempo a tareas estructuradas que los agentes gestionan bien, y la prueba piloto mostró una reducción del 25 % en el tiempo de ciclo de esas tareas, su ganancia combinada realista en todo el trabajo es de aproximadamente el 10 %. Una estimación que se mantiene al sexto mes vale más que una que requiere explicaciones en la reunión de la junta directiva.

Tercer paso: calcule el valor de productividad anual. Multiplique el costo total por ingeniero por su tasa de ganancia promedio (conservadora) y por el número de empleados involucrados. Un equipo de 25 personas con un costo promedio total de 85 000 € y una ganancia promedio del 10 % genera un valor de productividad anual de 212 500 €.

Cuarto paso: divide el costo total del primer año entre el valor de productividad anual. El resultado es el punto de equilibrio en años. Multiplica por 12 para obtener el resultado en meses.

Dos variables modifican el punto de equilibrio en varios meses, tanto al inicio como al final. La tasa de adopción —el porcentaje de su equipo que utiliza la herramienta de forma activa y productiva a los 90 días— tiene el mayor impacto. Los equipos con planes de adopción estructurados alcanzan entre un 70 y un 80 por ciento de uso activo a los 90 días. Los equipos sin planes estructurados alcanzan entre un 30 y un 40 por ciento. La diferencia en el punto de equilibrio entre estos escenarios suele ser de 3 a 5 meses. La segunda variable es la composición de las tareas: los equipos donde las tareas estructuradas y fáciles de usar representan más del 50 por ciento del tiempo de ingeniería alcanzan el punto de equilibrio más rápidamente que los equipos donde predomina el trabajo de arquitectura ambigua.

Hoja de cálculo para modelado de costos

Completa el formulario con las cifras reales de tu equipo para elaborar una proyección de costos defendible.

Sección A — Datos de entrada básicos

Aporte	Tu figura
Ingenieros incluidos en el alcance	___
Coste anual combinado por ingeniero con todos los gastos incluidos	€/___
Porcentaje de tiempo de ingeniería dedicado a tareas estructuradas/definidas	__%
Herramienta(s) seleccionada(s)	___

Aporte	Tu figura
Coste anual de la licencia por desarrollador (precios publicados)	___

Sección B — Costo de construcción del primer año

Categoría de costo	Base	Tu figura
Total anual de licencias (A1 × A5 × 12)	Calculado	___
Costo de incorporación (A1 × 10 horas promedio × tarifa por hora)	Estimar	___
horas senior × tarifa por hora)	40–80 horas	___
Estructura de gobernanza (ingeniería + horas legales × tarifas)	20–40 horas	___
Disminución de la productividad (10% de producción × 6 semanas × A2 × A1)	Estimar	___
Costo total del primer año		___

Sección C — Valor de productividad

Cálculo	Tu figura
Tasa de ganancia combinada conservadora (A3 × tasa de ganancia piloto)	__%
Valor de productividad anual (A1 × A2 × C1)	___

Sección D — Punto de equilibrio

Cálculo	Resultado
Punto de equilibrio en años (B-Total ÷ C2)	___ años
Punto de equilibrio en meses (× 12)	___ mos
Ajustado para una tasa de adopción inferior al 70% (+ 3 meses)	___ mos

> En cualquier documento compartido externamente, indique claramente que todas las estimaciones son solo eso: estimaciones. Revise y actualice las cifras a los 30 y 90 días posteriores a la implementación.

— CAPÍTULO 24—

ELABORANDO EL CASO DE NEGOCIO

Qué presentar a su junta directiva, a su director financiero y a sus inversores.

La reunión informativa previa a la junta directiva fue el miércoles. La reunión de la junta fue el viernes. Rafael Méndez, director de tecnología de una empresa fintech de 45 ingenieros en Barcelona, tenía los resultados del proyecto piloto en una hoja de cálculo, una presentación de Anthropic que no había enviado a nadie y un recordatorio en el calendario que decía "Presentación de IA: preparación".

Su directora financiera, Inma Torres, llegó diez minutos antes con una pregunta: "¿Qué documento debo leer antes del viernes para no llevarme sorpresas?". Rafael abrió la hoja de cálculo. Inma miró la columna del tiempo de ciclo y las puntuaciones de satisfacción y preguntó algo para lo que no estaba preparado: "¿Qué pasará con nuestro proceso de reclutamiento si no hacemos esto y nuestros competidores sí?".

No tenía respuesta preparada. No porque la pregunta fuera descabellada —era la pregunta correcta—, sino porque en toda su preparación consideraba la decisión sobre la IA como una decisión tecnológica con un coste asociado, mientras que Inma preguntaba sobre ella como un riesgo competitivo con un coste en caso de retraso.

Son presentaciones diferentes. Este capítulo trata sobre la que funciona.

4.1 Qué es lo que realmente preguntan cuando preguntan sobre IA

Las preguntas de la junta directiva y de los inversores sobre la IA no son solicitudes de informes técnicos. Son expresiones de tres inquietudes distintas disfrazadas de curiosidad, y tratarlas como preguntas técnicas es la forma más segura de dar una respuesta correcta que no satisfaga a nadie.

La primera preocupación es la posición competitiva. Cuando un miembro del consejo pregunta "¿Cuál es nuestra estrategia de IA?", suele llegar a esa pregunta a raíz de un detonante específico: el anuncio de un competidor, un informe del sector, una comparación de carteras de otra reunión de esa misma semana. Se preguntan si la empresa se está quedando atrás, si la dirección es consciente de ello y si existe un plan creíble para cerrar esa brecha. Una evaluación de herramientas no responde a estas preguntas. Una declaración de posición acompañada de un cronograma sí lo hace.

La segunda preocupación es el talento. El talento en ingeniería en 2026 se ha familiarizado con la IA más rápidamente que la mayoría de las organizaciones de ingeniería se han preparado para ella. Los desarrolladores que se postulan a sus puestos han trabajado con herramientas de IA en empresas anteriores o en proyectos personales. Los equipos que no han adoptado estas herramientas se enfrentan a un riesgo específico de retención: los ingenieros experimentados para quienes el desarrollo asistido por IA es ahora una expectativa básica consideran los entornos sin IA como un paso atrás, no como un terreno neutral. La preocupación por el talento a nivel directivo suele expresarse como "¿seremos un lugar donde los buenos ingenieros quieran trabajar dentro de tres años?". Rara vez se expresa con la claridad con la que Inma se lo dijo a Rafael.

La tercera preocupación es quedarse atrás en algo irreversible. A diferencia de la mayoría de las transiciones tecnológicas, donde un adoptador tardío puede ponerse al día invirtiendo más, la transición de desarrollo autónomo crea brechas en las capacidades organizativas que se acumulan con el tiempo. Una organización de ingeniería que lleva 18 meses en una adopción estructurada ha desarrollado instintos de revisión, infraestructura de gobernanza, plantillas CLAUDE.md y configuraciones de arneses que requirieron meses de desarrollo. Un participante posterior no puede recuperar esos meses a ningún precio. Los consejos de administración lo perciben, incluso cuando no pueden expresarlo con precisión.

El error radica en responder a las tres inquietudes con un informe de evaluación del producto. "Evaluamos Claude Code y Copilot y seleccionamos el primero basándonos en la calidad de los resultados" no aborda ninguna de las tres preocupaciones. Simplemente le comunica a la junta directiva que se tomó una decisión de compra, no una decisión de liderazgo.

Traduzca su presentación al lenguaje de la ansiedad antes de abordar cualquier tecnología específica. Tres frases: la posición de su organización con respecto a empresas similares en la adopción de IA, qué implica esto para la capacidad de ingeniería en los próximos 18 meses y el riesgo organizacional de la demora. Estas tres frases determinarán si el resto de la presentación se percibe como evidencia o como mero entusiasmo.

4.2 Los tres números que conquistan la sala y los tres que la desbaratan

Un director financiero escéptico evalúa una propuesta de inversión en IA del mismo modo que cualquier decisión de asignación de capital: ¿cuánto cuesta?, ¿qué rentabilidad ofrece? y ¿cuánta confianza tenemos en la estimación de la rentabilidad? La métrica que se utilice como punto de partida determinará si se mantiene en modo evaluativo o si pasa a un modo escéptico.

Tres indicadores resisten el escepticismo del equipo financiero. Son medibles a partir de los datos que su organización de ingeniería ya recopila, se conectan directamente con los ingresos o los costos de forma que los directores financieros pueden calcularlos de manera independiente, y aparecen en la literatura sobre gestión de ingeniería que no se basa en IA, lo que significa que el director financiero no tiene que fiarse de su palabra sobre su significado.

La reducción del tiempo de ciclo es el tiempo que transcurre desde la confirmación del código hasta su implementación en producción. Una reducción del 25 % en las tareas estructuradas, en consonancia con los informes documentados de profesionales de 2025 y 2026 en organizaciones de ingeniería de tamaño medio comparables, se traduce en una entrega de funcionalidades más rápida, una resolución de errores más ágil y una respuesta al mercado más rápida. El director financiero puede vincular estos resultados con el impacto en los ingresos sin necesidad de su intervención.

El cambio en la tasa de defectos es la variación porcentual en los defectos de producción introducidos por sprint antes y después de la adopción de la herramienta. Esta métrica requiere una línea base previa a la adopción, razón por la cual el Capítulo 7 insiste en la instrumentación antes de que llegue la herramienta. Una reducción del 15 % en la tasa de defectos tiene un impacto cuantificable en el costo de soporte, la satisfacción del cliente y el tiempo de ingeniería dedicado al trabajo reactivo. Metodología para su propio cálculo: compare el recuento de defectos de 90 días antes y después de la adopción, controlando los cambios en el alcance de las funcionalidades.

El tiempo de puesta en producción de nuevas funcionalidades —el tiempo transcurrido desde la especificación hasta la implementación— es la métrica más fácil de interpretar para la junta directiva. Los miembros de la junta comprenden la velocidad del producto de una manera que no siempre comprenden la velocidad de ingeniería. Una mejora constante en el tiempo de puesta en producción, atribuible a la adopción activa, es el indicador con mayor probabilidad de cambiar el enfoque de la junta, pasando del escepticismo a la alineación.

Tres indicadores socavan tu credibilidad ante la misma audiencia.

El número de líneas de código generadas no es una métrica de productividad, sino de volumen de producción. Cualquier miembro del consejo con experiencia en tecnología preguntará si generar más código es algo positivo, y la respuesta requiere una explicación que contradice la premisa de utilizar dicha métrica.

El número de tokens consumidos es una métrica de coste que suena a métrica de productividad. Indica a la sala cuánto se ha utilizado la herramienta, pero no dice nada sobre si el resultado ha sido bueno o no.

La tasa de adopción de IA (el porcentaje de tu equipo que utiliza la herramienta técnicamente) es una métrica de cumplimiento disfrazada de métrica de valor. Una organización de ingeniería donde el 90 % de los ingenieros tiene acceso y el 20 % la utiliza de forma productiva tiene una alta tasa de adopción, pero no genera beneficios. Monitorea internamente el progreso de la implementación. No la incluyas en una presentación a la junta directiva.

Encabeza la lista con la reducción del tiempo de ciclo, la modificación de la tasa de defectos y el tiempo de puesta en producción. Presenta los demás datos solo si se te solicitan.

4.3 Cuantificación del riesgo de no adoptar

El argumento comercial estándar sobre la IA se basa exclusivamente en las ventajas: aumentos de productividad, mejoras en la velocidad y mayor capacidad. Este enfoque suele generar escepticismo, ya que las proyecciones positivas exigen que el público confíe en las suposiciones. El argumento más persuasivo se basa en el costo de la demora: en las consecuencias a nivel organizacional si no se inicia una adopción estructurada, lo cual no requiere suposiciones optimistas y se fundamenta en una gran cantidad de evidencia ya existente.

Existen tres costes derivados de la no adopción que se pueden cuantificar a partir de los datos que su organización recopila o que puede estimar a partir de parámetros de referencia públicos.

Prima de adquisición de talento. Los datos de reclutamiento tecnológico del mercado español en 2026 muestran un cambio de preferencia medible hacia empleadores con herramientas de IA maduras. Las estimaciones de las empresas de reclutamiento que operan en los centros tecnológicos de la UE —metodología: datos de encuestas a candidatos del segundo trimestre de 2026, tratados como direccionales en lugar de predictivos— indican que los ingenieros con dos o más años de experiencia tienen entre un 25 y un 35 por ciento menos de probabilidades de aceptar ofertas de organizaciones sin infraestructura de desarrollo de IA que de organizaciones comparables con programas estructurados. El coste de un puesto de ingeniero sénior vacante en España, utilizando un tiempo de contratación conservador de 90 días frente a un coste anual total de 85.000 €, es de aproximadamente 21.000 € por puesto vacante antes de las comisiones de reclutamiento. Una organización que pierde a dos ingenieros sénior a manos de competidores nativos de IA y tarda 90 días en reemplazar a cada uno ha absorbido 42.000 € en coste directo de vacante antes de contabilizar el impacto en la productividad.

Brecha de velocidad frente a competidores nativos de IA. Una organización de ingeniería que lleva 18 meses adoptando la IA estructurada opera con una ventaja de capacidad efectiva estimada del 15 al 25 por ciento sobre una organización no adoptante de tamaño comparable, según las cifras de reducción del tiempo de ciclo de la Sección 4.2. Para un equipo de 25 personas con un coste total de 85 000 € por ingeniero, esto representa la producción equivalente a entre 3,75 y 6,25 ingenieros adicionales al año sin gastos adicionales de personal, lo que supone una ventaja de capacidad anual efectiva de entre 318 750 € y 531 250 €. Esta brecha se incrementa con cada trimestre que pasa.

Capacidad de ingeniería no aprovechada. Cada semana que su equipo dedica a tareas que un agente bien configurado maneja de manera confiable (refactorización estructurada, generación de pruebas, documentación, actualizaciones de dependencias) es tiempo de ingeniería que no se dedica a problemas que realmente requieren juicio humano. La estimación: si las tareas estructuradas representan el 40 por ciento del tiempo de su equipo y el desarrollo basado en agentes maneja el 70 por ciento de esas tareas con una calidad aceptable, la capacidad no aprovechada es el 28 por ciento de la producción semanal de su organización de ingeniería. Con un costo total de 85 000 € para 25 ingenieros, eso representa aproximadamente 595 000 €

al año en valor de capacidad no aprovechada (metodología: porcentaje de tareas aplicadas multiplicado por el costo anual total).

Añade una columna de riesgo de no adopción a cada modelo de retorno de la inversión (ROI) que elabores. Preséntala después del caso de adopción. En un entorno escéptico, preséntala al final. Esto cambia el enfoque de la conversación, pasando de si invertir o no a cuánto cuesta realmente cada mes de retraso.

4.4 Marco de presentación para el Consejo de Administración: De la solicitud de inversión al registro de riesgos

Una presentación sobre la adopción de la IA ante la junta directiva consta de seis secciones. El orden es tan importante como el contenido, ya que la secuencia determina si los presentes evalúan su propuesta o la rechazan.

Sección uno: Declaración de posición. Una diapositiva, dos frases. ¿En qué posición se encuentra su organización con respecto a empresas similares en cuanto a la adopción de IA hoy en día, y cuál es la trayectoria prevista para los próximos 12 meses si la situación actual no cambia? No se mencionan herramientas ni características. Esta es la declaración de la realidad competitiva que enmarca todo lo que sigue como una respuesta a una situación real, no como una declaración entusiasta.

Sección dos: Solicitud de inversión. Una diapositiva, tres cifras. Costo total del primer año, costo anual recurrente a partir del segundo año y cronograma para alcanzar el punto de equilibrio utilizando la metodología del Capítulo 3. Redondee con cautela. Un director financiero que encuentre costos reales ligeramente inferiores a los presentados se llevará una grata sorpresa. Un director financiero que encuentre costos superiores perderá la confianza en las demás cifras.

Sección tres: Modelo de retorno de la inversión (ROI). Una diapositiva, tres indicadores. Reducción del tiempo de ciclo, cambio en la tasa de defectos y mejora del tiempo de producción, cada uno con su valor de referencia, el valor objetivo y la metodología de medición. No se permiten proyecciones a más de 12 meses. No se incluyen cifras de ingresos a menos que exista una relación directa y verificable entre la velocidad de ingeniería y los ingresos que el director financiero pueda reconocer sin necesidad de explicaciones.

Sección cuatro: cronograma de implementación. Una diapositiva. El cronograma del programa piloto de 30 días, la secuencia de implementación por fases y la infraestructura de gobernanza se ejecutan en paralelo, no de forma secuencial. Se muestra que el diseño de la gobernanza precede a la implementación de la herramienta. Esta diapositiva está dirigida al miembro del consejo que se preocupa por el riesgo de actuar con rapidez: demuestra estructura, no impulso.

Sección cinco: registro de riesgos. Una diapositiva, cuatro filas. Riesgo de adopción, mitigado mediante un despliegue por fases con criterios explícitos de aprobación/rechazo. Riesgo de seguridad, mitigado mediante la configuración de Retención Cero de Datos y la revisión del CISO. Riesgo de gobernanza, mitigado mediante una política escrita revisada antes del despliegue. Riesgo de no adopción, el costo de la demora cuantificado a partir de la Sección 4.3. El registro de riesgos no es documentación defensiva, sino evidencia de que la dirección ha analizado los posibles modos de fallo antes de solicitar la aprobación.

Sección seis: descripción general de la gobernanza. Una diapositiva. Responsable de la política, fecha de revisión, marco de gestión de datos y proceso de actualización. Los miembros del consejo de administración en los mercados de la UE deben prestar atención a la exposición al RGPD: el artículo 5 del Reglamento (UE) 2016/679 exige que los datos personales se traten de forma lícita, justa y transparente, y los flujos de trabajo de desarrollo de agentes que acceden a los datos de los usuarios durante la generación de código o las pruebas pueden desencadenar obligaciones de tratamiento que su marco de gobernanza debe abordar. Una diapositiva que muestre la existencia del marco es suficiente a nivel del consejo de administración. El capítulo 10 cubre el informe completo del CISO.

Seis diapositivas, cifras concretas, una sección sobre gobernanza y entre treinta y cuarenta minutos. Esa es la presentación que convence a un público escéptico.

Plantilla de caso de negocio: Adopción del desarrollo de IA

Dos formatos, con las cifras de su organización incluidas antes de su distribución.

FORMATO A — LA VERSIÓN DE UNA PÁGINA (DISTRIBUCIÓN AL DIRECTOR FINANCIERO)

Organización: ___ · Tamaño del equipo involucrado: ___ · Fecha de preparación: ___

Resumen de la inversión

Categoría de costo	Año 1	Año 2+ Anual
Costo de la licencia	___	___

Categoría de costo	Año 1	Año 2+ Anual
Incorporación e integración (estimación)	___	—
Configuración de la gobernanza (estimación)	___	—
Cadena de herramientas y gestión en curso (estimación)	—	___
Total	___	___

Resumen de devoluciones

Métrico	Base	Objetivo a 12 meses	Fuente de medición
Tiempo de ciclo (días, compromiso para producción)	___	___	Registros de CI/CD
Tasa de defectos (por sprint)	___	___	Rastreador de incidencias
Tiempo de puesta en producción (días naturales, desde la especificación hasta la implementación)	___	___	Datos de gestión de proyectos

> Punto de equilibrio: ___ meses · Coste de no adopción por trimestre de retraso: ___ (prima por vacante + estimación de la brecha de velocidad)

FORMATO B — ESTRUCTURA DE LA CUBIERTA DE TABLAS

Deslizar	Título	Regla de contenido
1	Declaración de posición	Dos frases. Realidad competitiva. No se mencionan herramientas.
2	Solicitud de inversión	Costo del año 1 · Año 2+ anual · Mes de equilibrio
3	Modelo de retorno de la inversión	Tres indicadores con líneas base, objetivos y metodología.
4	Cronograma de implementación	Piloto → despliegue por fases → despliegue completo; la gobernanza se ejecuta en paralelo
5	Registro de riesgos	Cuatro filas: adopción, seguridad, gobernanza, no adopción — cada una con medidas de mitigación indicadas

Deslizar	Título	Regla de contenido
6	Descripción general de la gobernanza	Responsable de la política · Fecha de revisión · Declaración de cumplimiento del artículo 5 del RGPD · Proceso de actualización

Sustituciones de idioma que cambian la forma en que responden las salas:

Evitar	Utilice en su lugar
"Creemos que la IA mejorará la productividad."	"Nuestro programa piloto de 30 días demostró una reducción del 25 por ciento en el tiempo de ciclo de las tareas estructuradas."
"Esta es la dirección que está tomando la industria."	"Las organizaciones comparables que llevan 18 meses adoptando esta tecnología operan con una productividad equivalente a la de 4 a 6 ingenieros adicionales sin aumentar su plantilla."
"Necesitamos mantenernos competitivos."	"Cada trimestre de retraso supone un coste aproximado de ___ en capacidad de ingeniería no utilizada, considerando el tamaño actual de nuestro equipo."

Sustituya todos los espacios en blanco con las cifras de su organización. Etiquete todas las estimaciones como tales en cualquier

> documento compartido externamente. Revise las cifras a los 30 y 90 días posteriores a la implementación.

— CAPÍTULO 5 —

EL PROGRAMA PILOTO DE 30 DÍAS

Cómo diseñar un piloto que genere señales reales en lugar de sesgo de confirmación.

El programa piloto finalizó un viernes. El lunes por la mañana, Diego Reyes recibió un informe resumido de su jefe de equipo: ocho páginas con conclusiones, en su mayoría positivas. El tiempo de ciclo en tareas estructuradas se redujo un 22 %. Los ingenieros manifestaron un alto grado de satisfacción. Los tres participantes más entusiastas ya habían comenzado a utilizar Claude Code en tareas ajenas al programa piloto.

Diego envió el documento a su director financiero con una sola frase: "Los resultados del programa piloto parecen prometedores. Recomiendo su implementación completa".

Lo que no notó hasta tres semanas después del inicio del despliegue ampliado fue que el equipo piloto había sido seleccionado por iniciativa propia. Todos los ingenieros que lo integraban tenían una visión positiva de las herramientas de IA antes de que comenzara el proyecto piloto. El código fuente en el que trabajaban era el servicio más limpio y mejor documentado de todo el repositorio. Las métricas que se monitorizaban eran aquellas donde la mejora era más visible, recopiladas de forma informal por ingenieros que deseaban que el experimento tuviera éxito.

Los datos eran precisos. El diseño del proyecto piloto garantizaba que solo pudiera producir un tipo de resultado.

5.1 Por qué la mayoría de los pilotos de IA fracasan antes de empezar

Los tres errores de diseño que generan datos de piloto inútiles comparten una estructura común: cada uno convierte el ejercicio piloto de medición en un ejercicio de confirmación. Los datos obtenidos son precisos, pero la información que transmiten es falsa.

Primer error: elegir el equipo equivocado. El instinto nos lleva a seleccionar voluntarios, usuarios pioneros o ingenieros visiblemente entusiasmados con las herramientas de IA. Los participantes motivados completan las tareas y proporcionan retroalimentación. Sin embargo, también son la peor fuente de información posible. Los voluntarios para un proyecto piloto de IA ya tienen una opinión formada sobre la tecnología, generalmente positiva, antes de que comience el proyecto. Su comportamiento refleja tanto esa orientación previa como el rendimiento real de la herramienta. La información que se obtiene de un equipo de voluntarios responde a la pregunta equivocada: no "¿funciona esto para nuestra organización de ingeniería?", sino "¿funciona esto para el subconjunto que ya cree que funcionará?".

Segundo error: definir el alcance del código fuente incorrecto. Los pilotos suelen ejecutarse en el servicio que los miembros del equipo conocen mejor, el servicio con la arquitectura más limpia y la mayor cobertura de pruebas. No en el monolito de 400 000 líneas donde coexisten tres patrones arquitectónicos porque tres líderes técnicos lo construyeron durante seis años. El servicio que elijas para el piloto determinará lo que este te enseñe. Un piloto en tu mejor servicio arrojará un resultado específico: cómo se desempeña Claude Code en tu mejor servicio. Ahí no es donde la mayoría de tus ingenieros pasan la mayor parte de su tiempo.

Tercer error: medir lo incorrecto. La mayoría de los pilotos hacen un seguimiento de la satisfacción de los ingenieros, recopilada mediante una encuesta en Slack, estimaciones aproximadas del tiempo ahorrado enviadas voluntariamente y la percepción general de los participantes de que todo salió bien. Ninguno de estos indicadores es fiable. La novedad influye en la satisfacción, independientemente de la productividad. Las estimaciones de tiempo voluntarias están sujetas al sesgo de deseabilidad social: los ingenieros que desean que el piloto tenga éxito informan de ahorros mayores que los que midieron con precisión. Decir que "todo salió bien" no es una medición, sino una impresión disfrazada de dato.

El modo de fallo que producen estos tres errores resulta costoso de una manera específica. Una organización que ejecuta un programa piloto mal diseñado, obtiene resultados aparentemente positivos, lo extiende a todo el equipo y se topa con los verdaderos modos de fallo en producción, ha pagado dos veces: una por la infraestructura del piloto y otra por el despliegue que pone de manifiesto lo que el piloto debería haber revelado. Un buen diseño de piloto requiere solo unas horas de planificación. Aprender de un mal diseño durante el despliegue completo supone semanas de impacto en la velocidad de producción de toda la organización de ingeniería.

Diseña el programa piloto antes de obtener las licencias. Decide quién participará, qué código fuente utilizará, qué métricas se emplearán y qué determinará si el proyecto avanza o no. Toma estas cuatro decisiones con antelación. No las revises durante el programa piloto.

5.2 Selección del equipo piloto, el código base y el alcance del flujo de trabajo

El equipo piloto genera la señal más fiable cuando es representativo de su organización de ingeniería, en lugar de estar formado por personas seleccionadas a partir de una conclusión predeterminada.

Criterios de selección de equipos, en orden de prioridad. Primero: orientación previa mixta. Incluya ingenieros genuinamente curiosos sobre la herramienta, ingenieros escépticos e ingenieros sin una opinión definida. Un equipo de cuatro personas con esta composición genera datos más útiles que un equipo de seis entusiastas. El escéptico que la encuentra útil es una señal mucho más fuerte que el entusiasta que también la encuentra útil. El escéptico que la encuentra realmente difícil revela algo específico sobre dónde surgirá la resistencia a la adopción a gran escala, y esa información vale mucho más que seis semanas de entusiasmo confirmatorio.

Segundo: composición mixta de tareas. Incluya a ingenieros cuyas tareas actuales en el sprint abarquen tanto trabajo estructurado (refactorización, generación de pruebas, documentación) como trabajo menos definido que requiera criterio arquitectónico. El patrón de aumento de productividad difiere notablemente entre estas categorías. Un proyecto piloto que capture únicamente las ganancias de las tareas estructuradas sobreestimará entre un 30 % y un 50 % el rendimiento que el despliegue ofrece a todo el equipo, según informes de profesionales de despliegues de tamaño medio comparables. Ambos tipos de tareas deben estar presentes en el alcance del proyecto piloto.

Tercero: un reportero imparcial designado. Un ingeniero del equipo piloto tiene la tarea específica de registrar los fallos junto con los éxitos, sin la presión de equilibrar ambos. No se trata de un crítico, sino de un ingeniero que comprende que el valor del piloto reside en su precisión, no en su resultado. Esta persona escribe un párrafo semanal sobre los fallos específicos detectados: dónde el agente requirió más correcciones de las que habría proporcionado la escritura directa, dónde generó resultados aparentemente plausibles que contenían errores, o dónde la degradación del contexto hizo que una sesión fuera menos útil de lo que era inicialmente.

La selección del código fuente sigue una lógica diferente. Elija un servicio que represente su nivel real de deuda técnica, no el que mejor se mantiene. Si su código fuente tiene una cobertura de pruebas media del 45 %, ejecute la prueba piloto en un servicio con aproximadamente el 45 % de cobertura de pruebas. Si su arquitectura es inconsistente entre los servicios, elija uno que refleje esa inconsistencia. La prueba piloto mide lo que el desarrollo automatizado puede hacer en su entorno real, no en el entorno que desearía tener.

El alcance del flujo de trabajo se limita a un tipo de flujo de trabajo existente por participante del programa piloto. No introduzca nuevos procesos junto con la nueva herramienta. El programa piloto evalúa el impacto de la herramienta en el trabajo existente. La reestructuración del flujo de trabajo se realizará una vez que el programa piloto revele las necesidades reales de la herramienta.

Un límite claro: no ejecute la prueba piloto en nada que afecte a datos de producción o flujos de pago, independientemente de la confianza que tenga en la configuración de permisos de la herramienta. El trabajo de gobernanza que valida el acceso a producción se encuentra en el Capítulo 9. La prueba piloto se ejecuta en un entorno seguro, sin generar riesgos de seguridad que aún no haya evaluado.

5.3 Qué medir desde el primer día y cómo hacerlo sin incurrir en gastos generales.

Las cuatro métricas que generan una señal piloto fiable comparten una característica: se recopilan a partir de sistemas que su organización de ingeniería ya utiliza, sin pedir a los ingenieros que informen sobre comportamientos que el acto de informar distorsionaría.

Métrica uno: tiempo de ciclo, medido desde la confirmación hasta la fusión. Tu plataforma Git realiza el seguimiento automáticamente. La línea base del piloto es el promedio de los últimos 30 días para el equipo piloto en los tipos de tareas incluidos en el alcance. Recopílalo antes de que comience el piloto. Compáralo con el promedio de 30 días durante el piloto. No se requieren estimaciones de los ingenieros. No se requiere encuesta. Una sola exportación desde tus análisis de control de versiones.

Métrica dos: tasa de introducción de defectos. Para cada solicitud de extracción fusionada durante el programa piloto, registre los defectos reportados en dicha solicitud durante los 14 días posteriores a la fusión. Compare la tasa de defectos por solicitud de extracción con la tasa de los últimos 30 días para el mismo equipo en tareas similares. Esta métrica requiere un pequeño paso de configuración: un campo personalizado en su sistema de seguimiento de incidencias que vincule los defectos reportados con la solicitud de extracción original. Aproximadamente tres minutos de configuración al inicio del programa piloto, y luego cero gastos generales posteriores.

Métrica tres: tiempo de revisión por solicitud de extracción (PR). Su plataforma de revisión de código registra esto automáticamente: el tiempo transcurrido desde la apertura de la PR hasta su aprobación final. Es de esperar que esta métrica aumente durante las semanas dos y tres. Esto no indica un fallo; refleja que los ingenieros están ajustando sus hábitos de revisión para los resultados generados por el agente. El verdadero fallo se produce cuando el tiempo de revisión no disminuye de la semana dos a la semana cuatro. Si el tiempo de revisión se mantiene elevado hasta el día 30, indica que los ingenieros no han desarrollado patrones eficientes para este tipo de resultados y que arrastrarán esa carga de trabajo al despliegue general.

Métrica cuatro: tasa de finalización del sprint en relación con los compromisos. Porcentaje de tareas de alcance piloto completadas dentro del sprint al que se comprometieron. Recopilado de su herramienta de gestión de proyectos. El patrón de fallo que revela esta métrica: ingenieros que técnicamente utilizan la herramienta, pero dedican tiempo a tareas administrativas que reducen su tasa de finalización en las semanas uno y dos.

El tiempo de medición de estas cuatro métricas es de aproximadamente 30 minutos de configuración antes del piloto y cinco minutos de agregación semanal con las herramientas existentes. No se requiere autoinforme. Configure la infraestructura de medición la semana anterior al inicio del piloto. Recopile la línea base de 30 días antes de que el primer ingeniero ejecute una tarea de agente único. Los datos recopilados antes del inicio del piloto son tan importantes como los recopilados durante el mismo; sin la línea base, la comparación carece de un punto de referencia.

5.4 Semana a semana: El manual del programa piloto de 30 días

Las cuatro semanas del programa piloto tienen propósitos estructuralmente distintos. Cada fase tiene un objetivo principal diferente, un modo de fallo distinto y preguntas específicas que vale la pena plantear en la reunión semanal de seguimiento.

Semana uno: Calibración. El objetivo de la primera semana es alcanzar la productividad base, no demostrar mejoras. Los ingenieros dedican los primeros tres a cinco días a comprender cómo definir el alcance de las tareas para el agente, cómo redactar descripciones de tareas que produzcan resultados útiles y dónde el agente necesita correcciones. La productividad durante la primera semana suele ser plana o ligeramente negativa en relación con la productividad base individual de cada ingeniero. Esto es normal. Comuníquelo explícitamente antes de que comience la semana. Un líder de ingeniería que no establezca esta expectativa observa las cifras de la primera semana, concluye que el piloto tiene dificultades y lo abandona justo cuando estaba a punto de ser útil o, implícitamente, indica al equipo que se esperan resultados positivos. Ambos resultados comprometen la integridad del piloto.

Pregunta de control para la primera semana: "¿En qué punto específico el agente produjo un resultado que requirió más correcciones que las que habría requerido escribir el código directamente?" Esta pregunta revela los modos de fallo según el tipo de tarea, información que dará forma a las semanas dos a cuatro.

Semana dos: Desarrollo de patrones. Para la segunda semana, la mayoría de los ingenieros ya tienen una idea general de qué tipos de tareas maneja el agente de forma fiable. El objetivo de la segunda semana es probar esos patrones de forma deliberada. Si la primera semana mostró un buen rendimiento en la generación de pruebas y un rendimiento deficiente en la gestión del estado, la segunda semana incluye tareas de generación de pruebas estructuradas de forma deliberada, junto con intentos estructurados de gestión del estado, con instrucciones explícitas para el agente en el archivo CLAUDE.md.

Señal de alerta: un ingeniero informa que la segunda semana fue "mucho mejor" sin describir qué cambió específicamente en su enfoque. Este patrón sugiere que el efecto de la novedad está inflando la autopercepción en lugar de una mejora real de la productividad. Los datos métricos confirmarán o desmentirán el informe.

Semana tres: Volumen y estrés. Introduzca un volumen de sprint realista en la tercera semana. Observe el rendimiento de la herramienta y del equipo bajo condiciones de carga de trabajo reales, en lugar del alcance predefinido de las semanas uno y dos. El tiempo de revisión por PR es la métrica clave. Si no ha comenzado a disminuir desde su pico de la semana dos, comuníquelo al equipo piloto y realice ajustes en el patrón de revisión antes de que finalice la tercera semana.

Semana cuatro: Recopilación de señales limpias. Mantenga el alcance de la tarea con el mismo nivel que en la semana tres. No introduzca nuevas configuraciones ni cambios en el flujo de trabajo. El objetivo es lograr un período de medición estable que permita tomar una decisión informada sobre la viabilidad del proyecto.

Pregunta de control para la cuarta semana: "¿Qué se necesitaría que fuera cierto a escala de equipo que no lo sea actualmente en este programa piloto?" Esto pone de manifiesto las deficiencias en los procesos y la gobernanza que la planificación del despliegue debe abordar antes de ampliar el acceso.

5.5 La decisión de seguir adelante o no: criterios, puntuación y conversación con su equipo.

La decisión de seguir adelante o no al día 30 no se basa en si la herramienta es buena o no, sino en si su organización, en este momento específico, cuenta con las condiciones necesarias para una implementación productiva.

La decisión se determina mediante cuatro criterios. Ningún criterio prevalece sobre los demás. Un proyecto piloto que muestra importantes aumentos de productividad sin una infraestructura de gobernanza establecida no se aprueba. Se trata de un proyecto piloto que tuvo éxito en un entorno controlado y que provocará incidentes en uno no controlado.

Criterio uno: mejora de la métrica. El tiempo de ciclo en las tareas estructuradas debería mejorar en la cuarta semana. El umbral para una recomendación positiva es una reducción del tiempo de ciclo del 10 % o superior en los tipos de tareas incluidos en el alcance. Por debajo de este umbral, la causa probable no es un fallo de la herramienta, sino que, con mayor frecuencia, se debe a que los tipos de tareas piloto incluidos en el alcance no aprovechan al máximo las ventajas de la herramienta. Un resultado negativo en este criterio debería dar lugar a una revisión del alcance, no a una decisión de abandono.

Criterio dos: estabilidad del proceso de revisión. El tiempo de revisión por solicitud de cambio en la cuarta semana debe estar dentro del 20 % del valor de referencia previo al piloto, o bien, estar disminuyendo desde el pico de la segunda semana. Si el tiempo de revisión sigue siendo elevado al cabo de 30 días, indica que el equipo no ha desarrollado patrones de revisión fiables y que esta inconsistencia se mantendrá durante el despliegue.

Criterio tres: preparación para la gobernanza. La política que regula el uso de la herramienta, los límites de permisos y el manejo de datos debe estar redactada y revisada antes de ampliar el acceso. Una aprobación basada en métricas sin documentación de gobernanza es una aprobación condicional: la gobernanza debe completarse antes de que se inicie el despliegue.

Criterio cuatro: confianza del líder del equipo. Una calificación de confianza de cuatro puntos por parte del líder del equipo piloto. Una confianza baja o moderada tras obtener métricas positivas indica dinámicas organizacionales que las métricas no reflejan. Aborde este aspecto directamente antes de comunicar cualquier decisión.

Comunicar la decisión —en cualquier sentido— sigue la misma estructura: qué se probó, qué se midió, qué se encontró y cuál es la decisión con su justificación. Un rechazo comunicado con transparencia no es un fracaso. Demuestra que el diseño piloto funcionó, generó información real y que el liderazgo actúa en función de dicha información. Un equipo de ingeniería que observa este patrón confía más en la siguiente decisión que un equipo que solo recibe comunicaciones positivas, independientemente de lo que muestren los datos.

Cuadro de mando de decisión de 30 días para el programa piloto

El líder del equipo finaliza su evaluación el día 30. El director de tecnología (CTO) la revisa antes de comunicar la decisión a la organización.

Criterio	Ir al umbral	Resultado de su piloto	Veredicto
Reducción del tiempo de ciclo (tareas estructuradas)	Mejora ≥ 10 % con respecto al valor inicial.	___% cambiar	Aprobado / Condicional / No aprobado
Tasa de introducción de defectos	No se observó aumento en comparación con el valor basal de	___% cambiar	Aprobado / Condicional / No aprobado

Criterio	Ir al umbral	Resultado de su piloto	Veredicto
	los últimos 30 días.		
Tiempo de revisión por PR en la semana 4	Dentro del 20% de la línea base previa al piloto o en declive	___% frente al valor inicial	Aprobado / Condicional / No aprobado
Tasa de finalización del sprint	Sin descenso respecto al promedio previo al programa piloto	___% cambiar	Aprobado / Condicional / No aprobado
Preparación para la gobernanza	Política redactada y revisada por el departamento legal.	Sí / En curso / No	Aprobado / Condicional / No aprobado
Confianza del líder del equipo	Alto o muy alto	Bajo / Moderado / Alto / Muy Alto	Aprobado / Condicional / No aprobado

Reglas de decisión:

Pase completo: Proceda con el despliegue gradual según el cronograma del Capítulo 6.

Una o dos condiciones: Proceda con un plan de remediación por escrito. Cada criterio condicional tiene una acción específica y una fecha límite de resolución antes de que se amplíe el acceso.

No se permite el acceso a ninguna métrica. Identifique si el problema radica en el alcance de la tarea, la selección del código fuente o la falta de infraestructura. Rediseñe y vuelva a realizar la prueba piloto con los parámetros corregidos.

No se debe confiar únicamente en el líder del equipo: Mantenga una conversación directa con el líder del equipo antes de comunicar cualquier decisión. Tanto los datos como el nivel de confianza son reales. Resuelva la discrepancia entre ambos antes de tomar la decisión.

Adjunte esta ficha de evaluación a cualquier propuesta de implementación que comparta con la dirección, el consejo de administración o su CISO.

— CAPÍTULO 6 —

ADOPCIÓN POR FASES

La secuencia de adopción que funciona cuando cincuenta ingenieros toman la misma herramienta la misma mañana.

El plan de implementación llegó el jueves por la mañana, perfectamente estructurado en tres fases. Cada fase tenía una fecha de inicio, un objetivo de personal y una columna titulada "criterios de éxito".

El CTO lo leyó detenidamente. Fase 1: un equipo piloto de 6 ingenieros comienza a usar Claude Code, con el objetivo de alcanzar un 80 % de uso activo semanal. Fase 2: 20 ingenieros del equipo de la plataforma obtienen acceso, con el mismo objetivo. Fase 3: los 50 ingenieros, con el mismo objetivo.

En su mente, reemplazó "Claude Code" por "nuevo flujo de trabajo de Jira" y releyó el documento. Funcionó. El plan era intercambiable con cualquier implementación de herramienta de la última década: una expansión de personal disfrazada de programa de adopción gradual. Sin cambios de proceso entre fases. Sin objetivos de medición diferentes. Sin criterios de gobernanza que indicaran qué se debía aprender antes de que el siguiente grupo tuviera acceso.

Ella le preguntó al director de ingeniería qué había cambiado entre las fases, además del número de ingenieros. Él guardó silencio durante cinco segundos.

"El tamaño del equipo", dijo.

Esa pausa fue el problema que el plan no abordó.

6.1 Por qué falla la adopción por fases cuando las fases no son realmente diferentes

La adopción por fases fracasa cuando las transiciones entre fases se reducen a simples recuentos de personal en lugar de hitos de aprendizaje organizacional. La característica distintiva de una fase genuina no es quién tiene acceso, sino qué debe aprender la organización antes de continuar. Cuando las fases solo se diferencian en el número de ingenieros con licencias, el conocimiento generado en la Fase 1 no aporta información a la Fase 2, ya que esta última se diseñó antes de que se ejecutara la Fase 1.

Este patrón se repite constantemente en organizaciones de ingeniería de tamaño mediano que implementan su primer despliegue de agentes. Un programa piloto de seis personas dura treinta días y produce resultados positivos. Una Fase 2 de veinte personas comienza con la misma configuración, la misma plantilla CLAUDE.md, el mismo flujo de trabajo y un grupo diferente de ingenieros que no han aprendido personalmente lo que aprendió el equipo de la Fase 1. Los instintos del equipo de la Fase 1 —qué tipos de tareas maneja el agente de forma fiable, dónde surge la degradación del contexto, cómo escribir descripciones de tareas que produzcan resultados útiles— eran conocimiento organizacional. Nada de esto se documentó, porque el plan no tenía un mecanismo para capturarlo. Los equipos de la Fase 2 lo descubren de nuevo, más lentamente, a mayor escala.

El indicador concreto de un plan de adopción genuinamente diferenciado por fases reside en los criterios de salida. Criterios como "80 % de uso activo semanal" o "encuesta de satisfacción positiva" miden la participación, no el aprendizaje. Una organización puede alcanzar ambas cifras sin haber aprendido nada que haga que la Fase 2 sea más segura o productiva que la Fase 1. Criterios de salida como "¿Cuáles son los tres tipos de tareas en las que el agente presenta un rendimiento inferior de forma constante y cómo se ha actualizado CLAUDE.md para solucionarlo?" o "¿Qué cambios en el proceso de revisión se han documentado y probado?" miden la preparación organizacional que hace viables las fases posteriores.

El modo de fallo de las fases indiferenciadas resulta costoso en una dirección específica. Los problemas que surgen como inconvenientes en un proyecto piloto con seis personas se convierten en incidentes en un despliegue con cincuenta personas. Un problema de degradación del contexto que molestó a dos ingenieros en la Fase 1 se convierte en un problema de gobernanza cuando quince ingenieros en la Fase 2 lo experimentan simultáneamente en un código fuente cercano al entorno de producción. La magnitud del fallo se correlaciona directamente con la magnitud de la ampliación del acceso en la siguiente fase antes de que se resolvieran los modos de fallo de la fase anterior.

Antes de diseñar el plan de implementación: para cada fase, defina primero el objetivo de aprendizaje. ¿Qué debe saber la organización al final de esta fase que desconoce ahora? Deje que el objetivo de aprendizaje determine el alcance, la duración, la composición del equipo y los criterios de salida. A continuación, defina la ampliación de personal. Cuando el objetivo de aprendizaje se define primero, las fases se vuelven reales.

6.2 Encontrar, reclutar y evitar el agotamiento de los primeros usuarios

El ingeniero que genera la señal más útil de la Fase 1 no es el más entusiasta, ni el de mayor antigüedad, ni el que siguió más de cerca las noticias sobre el desarrollo de la IA antes de la llegada de la herramienta. El participante más útil de la Fase 1 es un ingeniero de nivel medio confiable, cuyas tareas son representativas de lo que hace el equipo en general, que está profesionalmente comprometido con una evaluación precisa en lugar de ganar una discusión interna, y que no tiene una opinión previa firme sobre la herramienta en cuestión.

El problema del entusiasmo es predecible. Los ingenieros que se ofrecen como voluntarios con entusiasmo visible generan apoyo, no señales positivas. Redactan descripciones de tareas optimizadas para las fortalezas del agente, evitan los tipos de tareas en los que prevén dificultades y describen los fallos con un lenguaje suave. Sus comentarios tienden a ser positivos antes de que la herramienta haya demostrado su eficacia. Su valor para la organización es real —se convierten en promotores internos en la Fase 2 y posteriores—, pero su señal de la Fase 1 está sistemáticamente sesgada, y construir un plan para la Fase 2 sobre esa base produce un despliegue diseñado para una versión idealizada de la herramienta, en lugar de la real.

Reclutar participantes que proporcionen información veraz implica explicar explícitamente que el valor de la participación en la Fase 1 reside en la precisión de sus observaciones, no en el resultado del proyecto piloto. Esto es más difícil de lo que parece. Los ingenieros comprenden que un resultado positivo en el piloto conduce a una implementación más amplia, y esta, a su vez, genera visibilidad profesional. La estructura de incentivos implícita fomenta la presentación de informes positivos, incluso entre ingenieros que no tienen la intención consciente de distorsionar sus hallazgos.

Una contramedida práctica: designar explícitamente a un participante de la Fase 1 como responsable de informar sobre los modos de fallo. La contribución documentada de este ingeniero consiste en un registro semanal que indique dónde la herramienta requirió más correcciones que las que habría proporcionado la codificación directa, dónde el resultado fue plausible pero erróneo y dónde un tipo de tarea no generó una mejora de productividad cuantificable. Este rol se presenta como de gran valor, no como una actitud contraria. El registro de modos de fallo es la base de las actualizaciones de CLAUDE.md. Hacer visible esta contribución y valorarla profesionalmente genera informes más honestos que si se esperara que los ingenieros expresaran voluntariamente sus frustraciones en una retrospectiva general.

El problema del agotamiento aparece más tarde y es independiente. Los primeros usuarios que generan información útil en la Fase 1 se convierten en el recurso de apoyo informal del equipo en la Fase 2: las personas a las que otros ingenieros acuden cuando las sesiones fallan, cuando necesitan ayuda para redactar descripciones de tareas o cuando no logran comprender por qué un agente produjo un resultado inesperado. Esta carga de apoyo informal es real. Un usuario inicial que, además de sus propios compromisos de sprint, atiende las necesidades de apoyo informal de dieciocho ingenieros de la Fase 2, se agotará durante varias semanas antes de que esto afecte visiblemente su rendimiento.

Establecer un límite máximo específico para las interacciones de soporte —de cuatro a seis por semana, en consonancia con los patrones de carga de trabajo de los voluntarios de guardia de organizaciones de ingeniería similares— formalizado como una responsabilidad temporal con una fecha de finalización definida, no como una expectativa informal que persista indefinidamente.

6.3 Los cambios en el proceso que deben producirse antes de los cambios en la herramienta

Tres cambios en los procesos son requisitos previos para el desarrollo de agentes a gran escala. Las organizaciones que omiten cualquiera de ellos obtienen el mismo resultado: una implementación que parece exitosa durante seis semanas y produce un incidente en producción en la octava o novena semana, seguida de una conversación sobre gobernanza que debería haberse producido antes de la primera semana.

El primer requisito es una definición actualizada de "terminado". Antes del desarrollo con agentes, "terminado" implicaba que el autor conocía el código a la perfección: el ingeniero que lo escribió lo entendía lo suficientemente bien como para responder preguntas sobre él bajo presión. El desarrollo con agentes rompe con esta premisa. Un ingeniero puede integrar código bien estructurado y que pasa las pruebas, aunque no pueda explicarlo con claridad a las 2 de la madrugada, sin que la definición de "terminado" exija explícitamente lo contrario.

La definición actualizada incluye una adición: el ingeniero revisor debe poder explicar en dos frases qué hace el código y por qué el enfoque del agente es correcto antes de aprobar la solicitud de extracción (PR). Esto no es un requisito de comentarios, sino un estándar interno que el revisor se impone a sí mismo. Si no lo cumple, la solicitud de extracción no se fusiona. Debe estar escrito, comunicado y aplicado antes de que el primer ingeniero de la Fase 2 ejecute una tarea del agente, no después de que el primer incidente revele que el código fusionado no fue comprendido por nadie que lo revisó.

El segundo requisito previo es un modelo de carga de trabajo de revisión actualizado. El código generado por agentes llega con un volumen y una distribución de errores diferentes al código generado por humanos. Un despliegue de la Fase 2 con 25 personas, donde cada ingeniero ejecuta una o dos tareas de agente por día, puede generar entre 50 y 100 PR adicionales por sprint en comparación con la línea base previa a la adopción. Si su capacidad actual de revisores asume la tasa previa a la adopción, la Fase 2 crea un cuello de botella en las revisiones que ralentiza la entrega y degrada la calidad de las revisiones simultáneamente. Los revisores que procesan dos o tres veces su volumen normal reducen la profundidad de cada revisión individual para gestionar la carga. Aborde la capacidad de los revisores antes de que comience el despliegue.

El tercer requisito previo es una ruta de escalamiento documentada para fallas de agentes. Cuando una sesión produce una salida que el ingeniero no puede corregir sin comprender qué salió mal (degradación del contexto, un límite mal interpretado, una convención que el archivo CLAUDE.md no capturó), los ingenieros necesitan una ruta clara que no les obligue a resolverlo solos. Sin ella, abandonan silenciosamente las tareas difíciles de los agentes y vuelven a la codificación manual sin avisar a nadie, lo que hace que las métricas de adopción parezcan mejores de lo que realmente son.

Los tres cambios se documentan antes de otorgar el acceso a la Fase 2. No están en borrador: están documentados, revisados y comunicados.

6.4 Cómo manejar la resistencia sin convertir la adopción en un mandato

La resistencia a la adopción del desarrollo proactivo se manifiesta de tres formas distintas, cada una de las cuales requiere una respuesta diferente. Aplicar la misma respuesta a las tres es la manera en que los directores de tecnología convierten una fricción manejable en un resentimiento organizacional duradero.

La resistencia basada en principios proviene de ingenieros que han examinado la herramienta, comprenden su funcionamiento y tienen inquietudes legítimas sobre aspectos específicos de su comportamiento o implicaciones. El ingeniero sénior que ha revisado los datos sobre las tasas de defectos en el código generado por IA y cuestiona la idoneidad del proceso de revisión del equipo plantea una objeción basada en principios. El ingeniero que señala que CLAUDE.md no incorpora tres convenciones arquitectónicas fundamentales que todo ingeniero humano conoce implícitamente identifica una deficiencia real.

La resistencia basada en principios es la señal más valiosa que puede recibir el proceso de adopción, y suele interpretarse como la más amenazante. El ingeniero que la plantea suele ser la persona con mayor capacidad técnica presente. La respuesta correcta consiste en abordar la objeción específica, investigarla y, o bien resolverla, o bien explicar por qué la preocupación no impide continuar en las condiciones actuales. Tratar la objeción basada en principios como insubordinación genera una cultura en la que los problemas se identifican en privado y no se plantean públicamente; precisamente la cultura que genera incidentes de producción evitables.

La resistencia, motivada por el temor, proviene de ingenieros preocupados por las implicaciones del desarrollo de agentes para su rol o trayectoria profesional. Rara vez se manifiesta con honestidad. Se presenta como reticencia a utilizar la herramienta, como la búsqueda de razones por las que sus tareas actuales no son adecuadas para enfoques basados en agentes, o como informes constantes de que el resultado del agente "no es del todo correcto" sin aportar detalles. La respuesta adecuada no consiste en abordar el comportamiento superficial, sino en tratar la ansiedad subyacente directamente, en una conversación privada, con una explicación honesta de lo que está cambiando y lo que no.

La resistencia performativa es la más rara y disruptiva. Se trata de la objeción pública, visible y contundente, de un ingeniero cuyo comportamiento privado no coincide con su postura declarada. La resistencia performativa suele estar relacionada con algo distinto a la herramienta: una dinámica de poder, un conflicto sin resolver que ha encontrado un nuevo escenario. Rara vez responde al debate sobre la objeción declarada, porque esta no es la objeción real.

La prueba práctica para identificar el tipo de resistencia consiste en pedir un ejemplo concreto. La resistencia basada en principios proporciona uno de inmediato. La resistencia basada en el miedo desvía la atención o generaliza. La resistencia performativa cambia de tema.

Los mandatos generan métricas de cumplimiento. No generan un criterio de ingeniería aplicado con honestidad a una nueva herramienta.

6.5 El despliegue completo: secuencia, cronograma y cuadro de mando de aprobación/rechazo para cada fase.

La transición entre fases de implementación se basa en datos, no en una fecha del calendario. Cuando la presión de la dirección reduce el tiempo de transición de la Fase 1 a la Fase 2 de seis a tres semanas, debido a que la junta directiva exige un progreso visible, las fases de control de calidad dejan de funcionar como controles de calidad y se conviertan en simples indicadores de cronograma. Los incidentes que se producen a continuación son consecuencias previsibles de anteponer la urgencia a la evidencia.

Tres fases producen resultados fiables en organizaciones de ingeniería de tamaño medio. La Fase 1 es el piloto estructurado del Capítulo 5: de seis a ocho ingenieros, una base de código representativa, cuatro semanas, objetivo de aprendizaje centrado en el mapeo del rendimiento del tipo de tarea y la identificación de modos de fallo. La Fase 2 es el despliegue inicial: de quince a veinticinco ingenieros en dos o tres equipos, con los cambios de proceso de la Fase 1 implementados antes del primer día, con una duración de cuatro a seis semanas. El objetivo de aprendizaje de la Fase 2 difiere del de la Fase 1: no es "¿qué hace la herramienta?", sino "¿cómo se ve la adopción a gran escala en equipos con diferentes composiciones de tareas y diferentes instintos de revisión?". Los modos de fallo de la Fase 2 son organizativos más que técnicos: revelan dónde los procesos no están preparados para el volumen de resultados de la herramienta. La Fase 3 es la disponibilidad general, con la gobernanza finalizada, la configuración del arnés probada con todo el alcance de la base de código y la aprobación del CISO obtenida antes de que el primer ingeniero nuevo obtenga acceso.

El momento de cada etapa se determina según el cuadro de mando, no el cronograma. Se deben cumplir tres criterios antes de que comience la Fase 2: haber superado los criterios de salida de la Fase 1 según el cuadro de mando del Capítulo 5, tener la documentación del cambio de proceso completa y revisada, y que los responsables de ingeniería de los equipos que ingresan a la fase hayan revisado la plantilla CLAUDE.md de la Fase 2. Si algún criterio no está completo, la etapa no se abre.

La respuesta adecuada a la presión de la dirección para agilizar el proceso consiste en analizar el cuadro de mando, identificar las deficiencias y preguntar explícitamente qué criterio de seguridad desea eliminar el equipo directivo de la revisión de la puerta de embarque. Esta conversación, formulada de forma explícita, resuelve la presión con mayor eficacia que cualquier concesión.

La fase 3 requiere un criterio que la fase 2 no exige: la aprobación del CISO sobre el marco de gobernanza. El despliegue organizacional completo implica que la herramienta llegue a los ingenieros que podrían ejecutarla en bases de código sensibles y entornos adyacentes a la producción. La revisión de seguridad que se puede posponer durante las fases controladas debe completarse antes de que se produzca dicha exposición. El capítulo 10 proporciona el resumen para el CISO.

Cuadro de mando de la fase de implementación

Completar en cada transición de fase. El CTO realiza revisiones antes de que cualquier nuevo grupo reciba acceso.

Puerta de Fase 1 → Fase 2

Criterio	Estándar requerido	Estado	Dueño
Tarjeta de puntuación del piloto aprobada	Todos los criterios aprobados o condicionales con plan de remediación por escrito.	✓ / X	Jefe de equipo
Mapa de rendimiento por	Mínimo 3 tipos de tareas	✓ / X	Líder de la Fase 1

Criterio	Estándar requerido	Estado	Dueño
tipo de tarea completado	documentadas con calificación de desempeño.		
Registro de modos de fallo revisado	Los 3 principales modos de fallo abordados en la versión actualizada de CLAUDE.md	✓ / X	Director de Ingeniería
Definición actualizada de hecho	Escrito, comunicado y probado en el flujo de trabajo de la Fase 1.	✓ / X	CTO
Revisión del modelo de carga de trabajo actualizado	Capacidad de los revisores evaluada y ajustada para el volumen de la Fase 2	✓ / X	Director de Ingeniería
Ruta de escalamiento documentada	Quién, qué información, tiempo de respuesta previsto: distribuido al equipo de la Fase 2	✓ / X	Jefe de equipo

Puerta de Fase 2 → Fase 3

Criterio	Estándar requerido	Estado	Dueño
Los indicadores de la fase 2 se encuentran dentro de un rango aceptable.	Tiempo de ciclo, tasa de defectos, tiempo de revisión revisado en la semana 6	✓ / X	CTO
Validación de CLAUDE.md entre equipos	Plantillas revisadas por los responsables de ingeniería de todos los equipos de la Fase 3.	✓ / X	Director de Ingeniería
Resistencia documentada y abordada	Las objeciones fundamentadas se responden por escrito; los casos de temor se abordan en reuniones individuales.	✓ / X	CTO
Configuración del arnés probada	Límites de permisos probados en el alcance completo del código base de producción.	✓ / X	Líder de ingeniería

Criterio	Estándar requerido	Estado	Dueño
Se obtuvo la aprobación del CISO.	Marco de gobernanza revisado y aprobado para su plena implementación.	✓ / X	CISO
Comunicado de disponibilidad general (redactado)	Mensaje para todo el equipo escrito, revisado y programado.	✓ / X	CTO

Reglas de decisión de la puerta:

Todos ✓: La puerta se abre. Proceda en la fecha prevista.

Una o dos X: La puerta se abre condicionalmente con un plan de remediación por escrito. Cada elemento abierto tiene un responsable designado y una fecha de finalización dentro de los 5 días hábiles.

Tres o más X: La puerta permanece cerrada. Se notificará a la dirección en un plazo de 24 horas con los detalles y los plazos revisados.

Adjúntelo a cualquier informe de estado de implementación que se comparta con la junta directiva, el director financiero o el director de seguridad de la información.

— CAPÍTULO 7 —

MEDIR LO QUE REALMENTE IMPORTA

Métricas que predicen la salud de la adopción — y las que mienten

---

La diapositiva de la revisión trimestral se titulaba "Panel de Impacto de la IA" y contenía cifras que gustaron a todos los presentes. El consumo de tokens aumentó un 340 % con respecto al trimestre anterior. Las líneas de código generadas alcanzaron 1,2 millones en el último ciclo de sprint. Los usuarios activos semanales de Claude Code representaban el 87 % del equipo de ingeniería. El director financiero asintió. El miembro del consejo que más había impulsado la adopción de la IA sonrió. El director de tecnología que presentaba la diapositiva expresó brevemente que el lanzamiento había sido un éxito.

Seis meses después, la conversación con el director financiero fue muy diferente. Los defectos reportados por los clientes habían aumentado un 22 % con respecto al año anterior. Dos ingenieros sénior habían renunciado, alegando en sus entrevistas de salida que la revisión de código se había vuelto insostenible. Los compromisos de los sprints se estaban incumpliendo a un ritmo no visto desde que el equipo superó los 30 ingenieros dos años antes.

Ninguno de estos resultados apareció en el Panel de Impacto de la IA. Era imposible que aparecieran, ya que el panel medía lo que era fácil de cuantificar, no lo que predecía cómo iba realmente la adopción. Las cifras parecían buenas porque se eligieron para que parecieran buenas, no porque reflejaran la salud de la organización.

Esa distinción, que se establece claramente antes de diseñar el sistema de medición, es el tema central de este capítulo.

7.1 Por qué las "líneas de código generadas" pueden provocar tu despido en el segundo año

Las métricas superficiales para la adopción de la IA comparten una característica estructural: miden el volumen de resultados en lugar del valor de los mismos, y el volumen se desvincula del valor en el desarrollo de agentes más rápidamente que en cualquier otra categoría de herramientas de ingeniería anterior.

La generación de líneas de código es el principal problema. La mayoría de las plataformas de IA las recopilan automáticamente, no requieren instrumentación adicional y producen cifras impresionantemente altas con rapidez. Un equipo de ingeniería de 25 personas que utiliza Claude Code con Sonnet 5 en tareas estructuradas puede generar más líneas de código en una semana que las que generaron manualmente en un mes. Esta cifra responde a una pregunta: ¿cuánto código generó el agente?, pero no indica si era correcto, si se ajustaba a la arquitectura requerida o si los ingenieros que lo revisaron comprendieron realmente lo que aprobaron.

La correlación negativa con la calidad surge entre los seis y los doce meses, no de inmediato. En el primer trimestre, el alto volumen de generación de código coexiste con tasas de defectos relativamente estables porque los ingenieros aún revisan cuidadosamente, todavía en el período de adopción temprana cautelosa en el que los resultados desconocidos reciben un escrutinio más riguroso. A medida que el uso del agente se normaliza y se instala la fatiga de revisión, el volumen que parecía un indicador de productividad se convierte en una carga de revisión que degrada la calidad de cada revisión individual. Los ingenieros que procesan tres veces su volumen normal de PR en la semana doce revisan con menos cuidado que en la semana dos. Los defectos que se habrían detectado entran en producción. El número de líneas de código se mantiene alto. La señal de calidad ha sido invisible desde el primer trimestre.

El consumo de tokens presenta el mismo problema, aunque de forma diferente. Mide cuánto se usó la herramienta, no si ese uso generó valor. Un equipo de ingeniería donde los ingenieros ejecutan sesiones costosas y complejas que producen resultados que requieren correcciones extensas mostrará un mayor consumo de tokens que un equipo con archivos CLAUDE.md bien configurados que ejecutan tareas con un alcance bien definido. Registrar el consumo de tokens sin registrar lo que ese consumo produjo incentiva a usar la herramienta más, no a usarla de forma más productiva.

El porcentaje de uso activo semanal es una métrica de cumplimiento que se convierte en un incentivo perverso cuando aparece en los informes de adopción vinculados a la visibilidad de la dirección. Los ingenieros que observan que se realiza un seguimiento del porcentaje de uso comienzan a abrir sesiones para registrarse como usuarios activos, independientemente de si una tarea determinada requiere asistencia de un agente. El porcentaje de uso aumenta. La señal pierde su significado.

Elimine los tres indicadores de los informes externos antes de su próxima reunión de la junta directiva. Realice un seguimiento interno para la gestión de costos de la cadena de herramientas, ya que los datos de consumo de tokens son realmente útiles para la previsión presupuestaria. No los presente como evidencia de valor. Cuando se le pregunte qué métricas utiliza para medir el éxito de la adopción de la IA, mencione el tiempo de ciclo, la tasa de defectos, el tiempo de puesta en producción y la satisfacción del equipo. Si la persona que pregunta continúa preguntando por qué no realiza un seguimiento del volumen de código, explique que el volumen y el valor divergen en el desarrollo de agentes, y que sus métricas son las que predicen si la adopción es saludable en el segundo año.

7.2 Las cuatro señales que revelan la verdad: tiempo de ciclo, tasa de defectos, tiempo de producción y trabajo no planificado.

Estas cuatro métricas no son novedosas. Aparecen en la literatura sobre gestión de ingeniería décadas antes del desarrollo de la gestión de agentes, y ahí reside precisamente su valor. Su director financiero las entiende sin necesidad de una presentación. Su director de seguridad de la información las entiende. Su junta directiva las entiende. No es necesario argumentar a favor de su validez; basta con implementarlas antes de su adopción y realizar un seguimiento constante durante seis meses.

El tiempo de ciclo, medido desde la confirmación hasta la fusión, proviene de los análisis integrados de su plataforma de control de versiones. La recopilación de referencia es el promedio de los últimos 30 días para su organización de ingeniería antes de que cualquier agente haya ejecutado una tarea de producción. La línea base de 30 días no es negociable: recopilarla después de que comience la adopción significa que no tiene un punto de referencia previo a la adopción. Un movimiento saludable a los 30 días del despliegue es plano o ligeramente negativo, a medida que los ingenieros calibran su enfoque de alcance de tareas. Para el día 60, una adopción estructurada debería mostrar una reducción del 10 al 20 por ciento en los tipos de tareas estructuradas. Para el día 90, esa mejora debería ser estable, no seguir en tendencia. El tiempo de ciclo que continúa mejorando drásticamente después del día 90 sin una mejora correspondiente en la tasa de defectos es una señal de advertencia: los ingenieros pueden estar fusionando más rápido al reducir la profundidad de la revisión, no al trabajar de manera más eficiente.

La tasa de introducción de defectos requiere un paso de configuración: un campo de enlace en su sistema de seguimiento de incidencias que conecte los defectos reportados con la solicitud de extracción original, implementado antes de que comience el piloto. Realice un seguimiento de los defectos por solicitud de extracción fusionada con un período de seguimiento de 14 días; este período de 14 días contempla los defectos que surgen poco después de la implementación, en lugar de inmediatamente. Se espera un aumento en la tasa de defectos entre las semanas tres y seis, lo cual se ha documentado en implementaciones comparables y refleja el período de calibración de la revisión. Una tasa de defectos aún elevada al día 90 indica que el proceso de revisión no se ha adaptado adecuadamente a las características de salida del agente.

El tiempo de puesta en producción, expresado en días naturales desde la especificación de una funcionalidad hasta su implementación, es la métrica más comprensible para los líderes que no son ingenieros. Recógelo de tu herramienta de gestión de proyectos comparando la fecha de especificación con la fecha de implementación de todas las funcionalidades completadas durante el período de medición. Calcula la mediana, no la media, ya que las funcionalidades atípicas con ciclos inusualmente largos o cortos distorsionan los cálculos de la media en organizaciones de ingeniería pequeñas. Un buen avance se define como una reducción del 15 al 25 por ciento en el tiempo medio de puesta en producción a los seis meses de una implementación estructurada, según informes de profesionales de implementaciones de equipos similares.

La proporción de trabajo no planificado —el porcentaje de la capacidad del sprint consumido por trabajo no comprometido al inicio del sprint— es la métrica que la mayoría de los programas de adopción ignoran y la que mejor predice la salud de la organización de ingeniería. Un aumento en la proporción de trabajo no planificado durante la adopción de IA indica una de estas tres cosas: los agentes están generando resultados que requieren más trabajo de corrección del previsto, los defectos de sprints anteriores están consumiendo capacidad reactiva, o los ingenieros están dedicando tiempo no planificado a gestionar sesiones de agentes que no producen resultados útiles. Los tres son modos de fallo que requieren acción. Una proporción de trabajo no planificado superior al 25 % durante más de dos sprints consecutivos, en comparación con una línea base previa a la adopción inferior al 20 %, justifica una investigación directa antes de la siguiente fase.

7.3 La satisfacción del equipo como indicador principal: cómo medirla sin convertirla en una carga para las encuestas.

La satisfacción del equipo de ingeniería durante la adopción de la IA predice la retención, la sostenibilidad de la velocidad y la durabilidad del despliegue mejor que cualquier métrica de productividad, y se manifiesta antes que estas. Un equipo cuya satisfacción disminuye en el segundo mes mostrará las consecuencias en la velocidad y la retención en el cuarto mes. Medirla en el cuarto mes significa que se ha estado actuando con base en una señal de seis semanas de antigüedad.

El problema con la medición de la satisfacción radica en el método más común: la encuesta trimestral. Estas encuestas son tan poco frecuentes que reflejan las consecuencias posteriores en lugar de las condiciones previas. Son tan largas que los ingenieros las consideran una carga administrativa en lugar de un canal de retroalimentación útil. Además, agregan las respuestas de todo el equipo de tal manera que ocultan las señales individuales específicas que realmente requieren acción: el ingeniero sénior cuya satisfacción bajó quince puntos entre encuestas, el líder del equipo cuyos números se mantuvieron estables mientras que los de sus subordinados directos disminuyeron.

Una cadencia de medición ágil produce datos más útiles con menos esfuerzo. Dos preguntas cada dos semanas, enviadas a través del canal de comunicación asíncrono que tu equipo ya utilice: Slack, Teams o una herramienta de gestión de proyectos. Pregunta uno: «En una escala del 1 al 10, ¿qué tan sostenible te parece tu flujo de trabajo actual esta semana?». Pregunta dos: «¿Qué es lo que, si se cambiara, mejoraría más tu forma de trabajar ahora mismo?».

Dos preguntas se responden en 90 segundos. La puntuación numérica proporciona una tendencia rastreable por ingeniero a lo largo del tiempo, sin suavizado agregado. La respuesta de texto libre es la que revela información específica y práctica que las encuestas de opción múltiple no pueden capturar: "la carga de revisión es demasiado alta", "el archivo CLAUDE.md no cubre nuestras convenciones de autenticación", "dediqué seis horas esta semana a corregir la salida del agente en tareas de administración de estado". Estas no son observaciones de opinión, sino diagnósticos operativos.

Realice un seguimiento individual de las puntuaciones numéricas, no de los promedios del equipo. Una tendencia individual descendente durante cuatro mediciones consecutivas es una señal que requiere atención. Un promedio de equipo que se mantiene en 7,2 mientras que el de un ingeniero baja de 8 a 5 en cuatro semanas pasa desapercibido en una vista agregada y requiere atención directa en una vista individual.

El problema radica en que la cadencia se descontrola. Dos semanas se convierten en un mes, luego en el siguiente sprint, y finalmente en un trimestre. El valor de la cadencia ligera reside precisamente en su frecuencia: detecta el declive inicial que la medición trimestral pasa por alto por completo. Asigne la responsabilidad a una persona específica, bloquee la cadencia de dos semanas en el calendario del equipo durante todo el período de medición de seis meses y considere un ciclo omitido como una brecha en la medición, en lugar de un ajuste de programación aceptable.

7.4 Aislar el impacto de la IA de todos los demás cambios ocurridos este trimestre.

Tu organización de ingeniería nunca es un experimento controlado, y un director financiero con más de cinco años de experiencia en finanzas lo sabe. Cuando presentes mejoras en los tiempos de ciclo a los seis meses, la primera pregunta que te harán será sobre qué más cambió: ¿contrataste a tres ingenieros experimentados en el segundo mes?, ¿se simplificó el alcance del producto tras un cambio de estrategia?, ¿se completó en el tercer mes una migración compleja de un sistema heredado que antes consumía el 20 % de la capacidad del equipo?

Aislar el impacto de la IA no requiere sofisticación estadística. Requiere un registro de cambios y una comparación estructurada.

El registro de cambios documenta cada evento significativo que podría influir en las métricas de productividad de ingeniería, manteniéndose actualizado desde la semana anterior al inicio de la adopción. Esto incluye: nuevas contrataciones por encima del nivel de ingeniero sénior, bajas en cualquier nivel, cambios en el alcance del producto que afecten la complejidad de la ingeniería, migraciones de sistemas heredados que finalicen o comiencen, reestructuraciones de equipos y cualquier cambio en el proceso de revisión no relacionado con la adopción de la IA. Cada entrada tiene una fecha, una descripción y una dirección estimada del impacto en la productividad (positivo, negativo o neutro). El registro no cuantifica el impacto con precisión, sino que crea un registro documentado al que su director financiero puede recurrir al evaluar los datos de las métricas que usted presente.

La comparación estructurada utiliza un enfoque cuasiexperimental: se identifican los miembros del equipo y los tipos de tareas que estuvieron más alejados de la adopción de la IA durante todo el período de medición: ingenieros que estuvieron de baja prolongada durante el despliegue, equipos que trabajan en bases de código sensibles al cumplimiento donde el uso de herramientas de IA se restringió intencionalmente, o categorías de tareas donde el marco de gobernanza excluía la asistencia de agentes. Se realiza un seguimiento de sus métricas durante el mismo período. Cuando las métricas del equipo que adoptó la IA divergen de las métricas del grupo de comparación en la dirección prevista por la adopción de la IA, se tiene una base razonable para atribuir una parte del cambio a la herramienta. Cuando ambos grupos muestran cambios similares, el cambio refleja con mayor probabilidad las condiciones organizativas que la adopción específica de la IA.

Esto no es un diseño experimental riguroso. Es una triangulación defendible. La pregunta que el director financiero debe responder no es "demostrar causalidad", sino "dame una razón para creer que la mejora de la productividad se debe a la herramienta y no a otros factores". Un registro de cambios, junto con un análisis de grupo de comparación, proporciona esa razón sin requerir conocimientos estadísticos de los que ninguna de las partes disponga.

Documente la metodología en un párrafo al final de cualquier informe de métricas compartido externamente. «La comparación incluye [tipo de equipo/tarea]. Registro de cambios mantenido desde [fecha]. Contribución estimada de la IA a la mejora del tiempo de ciclo: [rango]». Esta transparencia resulta tranquilizadora para un departamento financiero escéptico.

7.5 El marco de medición: propietario, frecuencia, formato y ruta de escalamiento

Un sistema de medición sin una persona responsable ni criterios de escalamiento definidos es más una recopilación de números que una herramienta de gestión. Antes de que comience el programa piloto, se deben responder cuatro preguntas para cada métrica: quién la recopila, con qué frecuencia, en qué formato se informa y qué valor justifica una conversación con la dirección.

El siguiente marco de trabajo abarca los primeros seis meses. Adapte la titularidad a la estructura de su organización; los títulos son meramente ilustrativos, no obligatorios.

Marco de medición de la adopción de la IA a seis meses

Métrico	Dueño	Fuente de la colección	Cadencia	Formato	Disparador de escalada
Tiempo de ciclo (desde la confirmación hasta la fusión)	Director de Ingeniería	Exportación de análisis VCS	Semanalmente	Gráfico de tendencias, promedio móvil de 30 días	Incremento superior al 10 % en comparación con el promedio de los 30 días anteriores durante 2 semanas consecutivas.
Tasa de introducción de defectos (por solicitud de cambio, período de seguimiento de 14 días)	Jefe de equipo	Sistema de seguimiento de incidencias + enlace con sistemas de control de versiones	Quincenal	Tabla por tipo de equipo/tarea	Cualquier aumento con respecto al nivel de referencia previo a la adopción se mantuvo más allá de las 4 semanas.
Tiempo de puesta en producción (mediana, desde la especificación hasta el despliegue)	Líder de producto	Herramienta de gestión de proyectos	Mensual	Mediana y distribución, no media.	No se observó mejoría con respecto al valor inicial previo a la adopción a los 90 días.

Métrico	Dueño	Fuente de la colección	Cadencia	Formato	Disparador de escalada
Índice de trabajo no planificado (% de capacidad de sprint)	Jefe de equipo	Datos de sprint, herramienta de gestión de proyectos	Por sprint	Porcentaje frente al valor de referencia previo a la adopción	>25% durante 2 sprints consecutivos cuando la línea base previa a la adopción era <20%
Puntuación de satisfacción individual (1–10)	Director de Ingeniería	Encuesta asíncrona, 2 preguntas	Quincenal	Tendencias individuales, no promedio del equipo.	Cualquier individuo que disminuya 3 o más puntos en 4 mediciones consecutivas.
Tiempo de revisión por PR	Jefe de equipo	Plataforma de revisión de código	Semanalmente	Promedio por equipo, tendencia vs. semana 2	No disminuye desde el pico de la semana 4 en la semana 8.

Protocolo de escalamiento:

Una escalada activada se envía al CTO dentro de las 48 horas posteriores a su detección, con tres datos: la métrica específica, el valor específico y el equipo o la persona específica donde se produjo la escalada. No se requiere interpretación narrativa en la escalada; el CTO la añade después de revisar los datos subyacentes.

Una métrica que activa una escalada no indica automáticamente un fallo. Indica que es necesario conversar antes del siguiente ciclo de planificación del sprint. El valor del sistema de medición reside en que esa conversación sea oportuna, en lugar de retrospectiva.

Frecuencia de presentación de informes a las partes interesadas externas:

Informe mensual para el director financiero: tendencia del tiempo de ciclo, tendencia de la tasa de defectos, tendencia del tiempo de producción. Tres gráficos, un párrafo de contexto. Sin consumo de tokens. Sin líneas de código.

Informe trimestral para la junta directiva: las mismas tres métricas con una perspectiva de seis meses, más el progreso del punto de equilibrio de la hoja de cálculo del Capítulo 3, actualizado con datos reales. Una diapositiva.

— CAPÍTULO 8 —

GESTIÓN DEL CAMBIO Y CULTURA DE INGENIERÍA

Los fallos de adopción que ocurren antes de que nadie toque un teclado.

La retrospectiva se realizó cuatro semanas después de su lanzamiento general. Cuarenta y uno de los cuarenta y seis ingenieros tenían acceso a Claude Code. Las métricas del sprint parecían estables. El CTO no había recibido ni una sola incidencia.

Luego, formuló una pregunta directa: "¿Quién utilizó Claude Code para completar una tarea de sprint esta semana?". Seis manos se alzaron. Las seis pertenecían al equipo piloto original. Los treinta y cinco ingenieros restantes, con acceso completo, no habían ejecutado ni una sola tarea del agente en los siete días anteriores.

El despliegue había funcionado. La herramienta había funcionado. El proceso había funcionado. La organización no se había movido.

Hizo una pregunta más tranquila: "¿Quién lo intentó y lo dejó?" Tres manos, lentas y reticentes. "¿Quién nunca lo empezó?" Ninguna mano. Nadie iba a levantar la mano en una sala con cuarenta y seis ingenieros y decirle a su director de tecnología que no habían usado la herramienta en cuyo desarrollo la dirección había invertido tres meses y 190 000 euros.

Así se manifiesta el fracaso cultural en la adopción de la IA. No se trata de resistencia visible ni de una objeción contundente. Es una no participación educada que se percibe como neutralidad y funciona como un veto silencioso y distribuido.

8.1 Por qué la capa cultural se rompe antes que la capa técnica

El proceso funcionó en la fase piloto. La herramienta funcionó en la fase de pruebas. La adopción se estancó en algún punto entre la reunión general, donde todos asintieron, y el sprint, donde seis de los cuarenta y un ingenieros con acceso la utilizaron realmente.

Ese "algún lugar" tiene un nombre. Es la capa cultural: el sistema informal de normas, incentivos y dinámicas sociales que determina lo que los ingenieros hacen en realidad, a diferencia de lo que se les indica o dicen que harán. La capa cultural es invisible en los diagramas de arquitectura técnica. Es el indicador más fiable para predecir si una adopción aporta valor o simplemente genera estadísticas de uso.

En los despliegues de IA que se estancaron tras pruebas piloto técnicamente sólidas, aparecen sistemáticamente tres puntos débiles.

La primera es la ausencia de un compromiso de liderazgo visible que no requiera interpretación. Un CTO que anuncia la adopción de IA y luego gestiona el despliegue únicamente mediante actualizaciones por correo electrónico y comunicaciones delegadas no ha asumido un compromiso visible, sino una delegación visible. Los ingenieros lo interpretan correctamente. Cuando las prácticas laborales del CTO incluyen el desarrollo autónomo, la señal de adopción es inequívoca. Cuando las prácticas laborales del CTO son desconocidas para el equipo, la señal es que la adopción es lo suficientemente importante para los ingenieros, pero no lo suficientemente importante como para que el liderazgo la ejemplifique. Esta interpretación rara vez se expresa en voz alta y rara vez es errónea.

El segundo punto débil es la ambigüedad sin resolver sobre lo que la adopción significa para los roles de ingeniería. La mayoría de los equipos en 2026 cuentan con al menos algunos ingenieros preocupados en privado por lo que el desarrollo autónomo implica para su trayectoria profesional. Si esta preocupación no se aborda directamente —no solo en una sección de preguntas frecuentes, sino específicamente durante la comunicación del lanzamiento—, se manifiesta a través del comportamiento. Los ingenieros ansiosos por las implicaciones de la herramienta no levantarán la mano en un entorno grupal. Parecerán conformistas y evitarán una participación genuina.

El tercer punto de fallo es la red de influencia informal. Toda organización de ingeniería tiene dos organigramas: el formal y el que refleja quién realmente define las normas, cuyo escepticismo o entusiasmo por una nueva iniciativa tiene un peso desproporcionado y a quién consultan otros ingenieros antes de formarse su propia opinión. Un despliegue de IA diseñado en torno al organigrama formal opera en el real. El modo de fallo es predecible: un ingeniero sénior influyente que, en privado, se muestra escéptico, no ha sido involucrado directamente y cuyo escepticismo se ha hecho conocido entre los ingenieros júnior, sin que nadie en la dirección lo sepa.

Antes de la reunión general, crea un mapa de tu red de influencia informal. Esto requiere tres conversaciones con los líderes de ingeniería: "¿Con quién consultan los ingenieros de tu equipo antes de formarse una opinión sobre algo nuevo?". Anota los nombres. Esas personas son tu prioridad principal para establecer una comunicación directa, independientemente de su nivel jerárquico formal.

8.2 Seguridad psicológica en el contexto de la adopción de la IA

La inseguridad psicológica en la adopción de la IA se manifiesta de forma específica cuando está ausente: los ingenieros la adoptan en contextos observables —reuniones de equipo, retrospectivas, conversaciones con el CTO— y evitan usar la herramienta en su trabajo diario. Esta conducta no responde a intenciones deshonestas, sino que es una respuesta racional a un entorno donde mostrarse reacio a una prioridad organizacional conlleva riesgos profesionales, mientras que el entusiasmo manifiesto se traduce en recompensas profesionales.

El indicador concreto: revisar los registros de uso reales de los ingenieros que se han mostrado más positivos respecto a la adopción en las reuniones. En equipos con baja seguridad psicológica, suele haber una brecha entre los ingenieros que hablan con más entusiasmo sobre la herramienta en grupo y los que la utilizan con mayor frecuencia en su trabajo diario. Cuando estos dos grupos son personas diferentes, la adopción se centra en el desempeño, no en el funcionamiento.

La causa suele ser la forma en que se planteó el lanzamiento. Si la adopción se comunicó como una prioridad de liderazgo con visibilidad a nivel de junta directiva, el mensaje implícito —incluso sin presión explícita— es que no adoptarla perjudica la reputación del individuo. Los ingenieros que han probado la herramienta y la han encontrado inadecuada para su tipo de tarea específica, o que tienen objeciones de principio a ciertos aspectos del enfoque, no tienen dónde expresar esa información si el contexto social hace que manifestarla les parezca profesionalmente arriesgado.

El método de detección es estructurado, privado y específico. Haga dos preguntas individualmente a ingenieros de diferentes niveles de antigüedad: "¿Qué es lo que más le gustaría cambiar de su uso actual de Claude Code?" y "¿En qué tipo de tarea le ha resultado menos eficaz?". Estas preguntas presuponen el uso, lo que reduce el costo social de admitir dificultades. Un ingeniero que responda "Todavía no lo he usado para tareas reales" le habrá dicho algo que los registros de uso ya mostraban, pero que no habría salido a la luz en ninguna reunión.

La solución requiere dos pasos. Primero, crear un permiso explícito para afrontar las dificultades, no mediante un anuncio general, sino a través de que el CTO mencione un tipo de tarea específico donde la herramienta tuvo un rendimiento inferior al esperado según su propia experiencia práctica y pregunte qué han encontrado otros. Permitir que la alta jerarquía reconozca las dificultades reduce la dinámica de rendimiento más rápidamente que cualquier cambio de política. Segundo, crear un canal asíncrono específicamente para " preguntas sobre Claude Code que parezcan demasiado básicas para hacerlas en una reunión"; denomínelo así claramente. Los ingenieros que no preguntarían en la reunión diaria lo harán en un canal de menor presión. Las preguntas que aparezcan allí revelarán dónde reside la verdadera fricción.

8.3 Desarrollar líderes internos sin crear una cultura de ingeniería de dos niveles.

Los promotores internos son el acelerador más eficaz para la adopción de la IA a gran escala, pero también el recurso menos gestionado en la mayoría de los planes de implementación. El problema radica en no tener promotores, sino en tener promotores que, al acumular experiencia, visibilidad y autoridad informal en torno a la herramienta, forman inadvertidamente un grupo aparte. Cuando el resto del equipo percibe que este grupo de promotores tiene acceso directo al director de tecnología en asuntos de IA, que trabaja en problemas interesantes mientras otros se ocupan del trabajo heredado y que tiene prioridad para los puestos relacionados con la IA, la fractura cultural ya ha comenzado. Para cuando se hace visible en los datos de rotación de personal o en la dinámica de las reuniones, ya lleva meses gestándose.

La causa estructural: la mayoría de los planes de implementación asignan líderes de forma indefinida. Los ingenieros reclutados en la Fase 1 siguen siendo el recurso principal durante las Fases 2 y 3, y hasta su disponibilidad general, acumulando experiencia sin límite. La experiencia del resto del equipo crece más lentamente. La brecha se amplía. El resentimiento acompaña a esa brecha.

Tres decisiones de diseño impiden esta dinámica.

En primer lugar, es fundamental rotar explícitamente el rol de líder. Se define una duración de entre ocho y doce semanas por persona, tras las cuales regresan a sus responsabilidades de ingeniería habituales y otro ingeniero toma el relevo. Este modelo rotativo distribuye la experiencia, indica que se espera que la capacidad de IA esté presente en toda la organización en lugar de concentrarse en un grupo de especialistas, y evita la rigidez social que se produce con una estructura permanente de dos niveles.

En segundo lugar, haga visibles las contribuciones de los líderes en términos de lo que produjeron para el equipo, no de lo que saben individualmente. Un líder que dedicó ocho semanas a documentar los cinco tipos de tareas en los que Claude Code funciona de manera confiable en su base de código —y los tres en los que requiere reelaboración constante— ha aportado conocimiento organizacional. Un líder que dedicó ocho semanas a convertirse en la persona a la que todos recurren ha creado una dependencia. Estructure el rol en torno a resultados documentados y transferibles.

En tercer lugar, nunca asigne tareas de infraestructura relacionadas con la IA exclusivamente a los responsables de la herramienta. Cuando se necesiten nuevas configuraciones de la herramienta o actualizaciones de CLAUDE.md, asígnelas como parte del trabajo estándar del sprint, distribuido entre todo el equipo, no como responsabilidades de un responsable específico. El rol del responsable de la herramienta es la transferencia de conocimientos y el apoyo entre pares, no la propiedad de la infraestructura organizativa de la herramienta.

La prueba concreta: al sexto mes, ¿podría algún ingeniero de tu equipo asumir el rol de líder durante ocho semanas sin un periodo de adaptación significativo? Si la respuesta es no, la distribución de conocimientos no se ha producido y la dinámica de dos niveles persiste, aunque aún no sea visible.

8.4 El ayuntamiento que realmente necesitas dirigir

La reunión informativa que la mayoría de las organizaciones organiza para la adopción de IA se estructura como el lanzamiento de un producto. Diapositivas, declaraciones de beneficios, secciones de preguntas frecuentes que responden a preguntas que nadie en la sala se plantea. Los ingenieros se marchan con una comprensión clara de lo que hace la herramienta, pero con una serie de dudas sin resolver sobre lo que significa para su trabajo, para su rol y para los estándares de calidad de los que son responsables.

La reunión informativa que realmente funciona como base cultural para la adopción tiene una estructura diferente. No es un anuncio, sino una conversación. La diferencia estructural radica en que un anuncio termina con una sesión de preguntas y respuestas. Una conversación genuina comienza con el director de tecnología mencionando las preguntas que probablemente se planteen los asistentes, antes de que nadie tenga que formularlas.

Hay cuatro temas que requieren una cobertura explícita, en este orden.

¿Qué va a cambiar? De forma específica y concreta. ¿Cómo será el flujo de trabajo diario de un ingeniero en un equipo determinado dentro de 90 días en comparación con la actualidad? ¿Qué nuevas tareas surgirán, qué tareas existentes se reducirán y qué tipo de apoyo habrá para esta transición?

Lo que no cambia. Los estándares para la fusión. La estructura de responsabilidad . Quién es responsable cuando un defecto de producción se atribuye a código fusionado. Las expectativas de calidad. Al afirmar explícitamente que estos aspectos permanecen sin cambios, se elimina la ambigüedad que alimenta la ansiedad descrita en la Sección 8.2.

¿Qué es realmente incierto? Las preguntas para las que el CTO aún no tiene respuesta: qué tipos de tareas mostrarán mejoras sostenidas a los 90 días, cómo deberá evolucionar el proceso de revisión a medida que aumente el volumen de resultados, cuáles son los límites de la herramienta en las áreas más complejas de su código base específico. Reconocer la incertidumbre real es la mejor manera de generar credibilidad en una sala donde los ingenieros tienen sus propias interpretaciones sobre lo que realmente significa "aún estamos evaluando".

Sobre qué aspectos pueden oponerse los ingenieros. Los puntos específicos en los que la opinión individual influirá en las decisiones —el contenido de CLAUDE.md, el alcance del tipo de tarea, el diseño del proceso de revisión— y los aspectos específicos que se deciden. Difuminar esta línea genera un cumplimiento superficial o la falsa expectativa de que toda decisión está siempre abierta al debate.

En esta reunión siempre surgen cuatro preguntas. Prepara respuestas escritas y sinceras antes de entrar: "¿Significa esto que necesitaremos menos ingenieros en dos años?" "¿Quién es responsable cuando el código generado por el agente provoca un incidente?" "¿Qué sucede con los ingenieros que no adoptan la nueva tecnología?" "¿En qué se diferencia esto del lanzamiento de Copilot, que no llegó a buen puerto?"

8.5 Comunicación por público: Equipo de ingeniería, Producto, Finanzas y Junta Directiva

Cada público tiene una preocupación principal distinta, y el error de comunicación radica en aplicar el mismo mensaje a los cuatro. Los equipos de ingeniería quieren saber qué cambios les afectarán y si la dirección les brindará apoyo durante el proceso. Los equipos de producto quieren saber qué implicaciones tendrá esto para los plazos de entrega. El departamento de finanzas quiere conocer la estructura de costes y el marco de medición. El consejo de administración quiere información sobre el contexto competitivo y garantías de gobernanza.

Adapta la comunicación antes de redactarla. Para cada audiencia, responde tres preguntas: ¿qué es lo que más desean saber?, ¿qué es lo que más temen? y ¿qué es lo que más necesitan de los líderes en este momento? El mensaje basado en estas respuestas tendrá un impacto diferente al mensaje basado en la información que deseas compartir.

Manual de comunicación por público objetivo

Cuatro plantillas para la comunicación de la primera semana de lanzamiento. Adapte el lenguaje; conserve la estructura.

Plantilla 1 — Equipo de ingeniería

> Canal: Reunión de equipo o comunicación escrita asíncrona

Sección	Regla de contenido
Apertura	Cambio específico en el flujo de trabajo en términos concretos: qué hace de manera diferente un ingeniero del [equipo mencionado] en 90 días.
¿Qué cambia?	Los tipos de tareas cambian hacia la asistencia de agentes; se crea nuevo trabajo (especificación, revisión, mantenimiento de CLAUDE.md).
Lo que permanece igual	Estándares de fusión, estructura de rendición de cuentas, expectativas de calidad: establecidos explícitamente, no implícitos.
Soporte disponible	Calendario de rotación de campeones, ruta de escalamiento, nombre del canal de preguntas asíncronas
Donde usted tiene aporte	Contenido de CLAUDE.md, alcance de la tarea, diseño del proceso de revisión, con cronograma para incorporar la retroalimentación.
Evitar	Estadísticas de productividad, enfoque competitivo, lenguaje sobre los beneficios tomado de los materiales del proveedor.

Plantilla 2 — Equipo de producto

> Canal: Reunión de liderazgo de producto o actualización escrita

Sección	Regla de contenido
Apertura	Enfoque en la velocidad de entrega: no la tecnología.
Contenido principal	Estimación conservadora de la mejora del tiempo de producción a 90 días, con metodología; revisión de los cambios en el proceso que pueden afectar temporalmente el tiempo de respuesta de las PR en las semanas dos a cuatro.
Lo que permanece igual	Compromisos de sprint, estándares de calidad, rutas de escalamiento
Evitar	Cómo funciona técnicamente la herramienta; enfoque total en el cronograma y la entrega.

Plantilla 3 — Director Financiero / Finanzas

> Canal: Escrito, con hoja de trabajo adjunta

Sección	Regla de contenido
Apertura	Cifra de costos del primer año de la hoja de cálculo del Capítulo 3, cronograma del punto de equilibrio

Sección	Regla de contenido
Contenido principal	Tres métricas monitoreadas, metodología de recopilación, frecuencia de informes.
Formato	Solo números; no hay narrativa sin cifras que los respalden.
Evitar	Historias de productividad sin metodología de medición; estimaciones presentadas como datos reales.

Plantilla 4 — Tablero

> Canal: Plataforma de madera, un tobogán por sección

Sección	Regla de contenido
Apertura	Declaración de posición competitiva: dónde se sitúa la organización en relación con empresas comparables en cuanto a la adopción de la IA.
Contenido principal	Inversión y punto de equilibrio; cronograma de implementación con fases de control; resumen del registro de riesgos (adopción, seguridad, gobernanza, no adopción); estado del marco de gobernanza
Evitar	Características de la herramienta, estadísticas de satisfacción de los

Sección	Regla de contenido
	ingenieros, detalles de implementación que corresponden a una actualización de operaciones.

> Revisa cada plantilla teniendo en cuenta el público objetivo antes de enviarla. El error común radica en editar la plantilla para que transmita el mensaje que uno desea comunicar, en lugar del mensaje que el público necesita recibir.

— CAPÍTULO 9 —

POLÍTICAS, PROPIEDAD Y RESPONSABILIDAD

Marcos de trabajo que su equipo legal aprobará y que sus ingenieros seguirán al pie de la letra.

El informe de incidencia se registró a las 23:47 del jueves. Se trataba de un fallo en el procesamiento de pagos, cuyo origen se remontaba a una solicitud de extracción fusionada dos días antes. El ingeniero revisor la había aprobado sin detectar ninguna anomalía. El código se había generado durante una sesión de agente de Sonnet 5. Todas las comprobaciones automatizadas se habían superado.

Para el viernes por la mañana, cuatro personas estaban en el análisis posterior al incidente: el director de tecnología, el director de ingeniería, el ingeniero revisor y el ingeniero que había gestionado la sesión del agente. La primera pregunta del director de tecnología fue directa: "¿Quién autorizó a este agente a trabajar en el servicio de pagos?".

Nadie tenía una respuesta clara. La política de desarrollo de IA —tres párrafos enviados por correo electrónico al equipo ocho semanas antes— indicaba que los ingenieros debían «utilizar las herramientas de desarrollo de IA de forma responsable y garantizar la calidad del código antes de fusionarlo». No mencionaba ningún servicio que requiriera una revisión exhaustiva. No definía el término «responsable» en ningún lugar. Tampoco especificaba quién era responsable cuando el código producido por el agente y aprobado por un humano provocaba un incidente en producción.

El ingeniero revisor afirmó confiar en las pruebas automatizadas. El ingeniero que dirigió la sesión indicó que siguió los procedimientos estándar. Ambas descripciones coincidían con lo estipulado en la política. La política simplemente no había abordado la cuestión que el incidente puso de manifiesto. Esta deficiencia supuso una pérdida de dos días de trabajo de ingeniería, una escalada de la atención al cliente y una conversación con el CISO que debería haberse producido antes del lanzamiento.

9.1 Qué abarca un marco de gobernanza para el desarrollo de la IA y qué debería dejar de lado

La forma más segura de crear una política de gobernanza de IA que nadie siga es intentar gobernarlo todo. Un documento que abarque todos los escenarios posibles, el comportamiento de las herramientas, las decisiones de flujo de trabajo y los casos excepcionales se convierte en algo que nadie lee en condiciones normales y que nadie puede aplicar rápidamente cuando se presenta una decisión real. La política se reconoce durante la incorporación, se almacena en una wiki interna y solo se consulta en análisis posteriores, donde, por lo general, no aborda la situación específica que se está analizando.

Un marco de gobernanza para el desarrollo de la IA tiene cinco decisiones que deben responderse con precisión. Todo lo demás pertenece a otro lugar.

Decisión uno: ¿qué bases de código, servicios o tipos de datos requieren revisión exclusivamente humana, independientemente de la calidad de la salida de la IA? Este es el límite más importante que establece el documento, y debe especificar los servicios. «El servicio de procesamiento de pagos requiere la revisión de un ingeniero sénior sobre todo el código generado por IA antes de su integración» es una declaración de gobernanza. «Los servicios sensibles deben recibir atención adicional» no lo es. Una establece un requisito claro. La otra describe una actitud.

Decisión dos: los límites de permisos para cada herramienta de IA en uso. Se especifica qué permisos de lectura, escritura, ejecución y acceso tiene cada herramienta configurada. Si bien se hace referencia a la documentación del sistema en lugar de duplicarla, la política deja claro que los límites de permisos existen para cada herramienta y que los ingenieros no pueden configurarlos individualmente fuera del proceso de configuración del sistema.

Tercera decisión: ¿quién es responsable cuando el código generado por IA provoca un incidente en producción? No en términos generales, sino en términos específicos de roles, según la cadena de responsabilidades descrita en la Sección 9.2.

Cuarta decisión: ¿qué datos tienen prohibido introducirse en la ventana de contexto de cualquier herramienta de IA, independientemente del tipo de herramienta o tarea? Categorías específicas: credenciales de autenticación, datos de tarjetas de pago, información de identificación personal sujeta a las protecciones de categoría especial del artículo 9 del RGPD en virtud del Reglamento (UE) 2016/679, y datos cubiertos por obligaciones contractuales de confidencialidad con clientes o autoridades reguladoras.

Decisión cinco: la vía de escalamiento cuando un ingeniero no está seguro de si una tarea específica se encuentra dentro del alcance permitido. A quién contactar, qué información aportar y tiempo de respuesta previsto. Sin una vía de escalamiento definida, la incertidumbre se resuelve de dos maneras: el ingeniero evita la herramienta por completo o procede con la interpretación más permisiva y razonable. Ambos resultados son peores que un canal de escalamiento que funcione.

Todo lo que no esté contemplado en estas cinco decisiones corresponde a los responsables de ingeniería, los procesos del equipo o la configuración del entorno. Las decisiones sobre el flujo de trabajo a nivel de tarea siguen siendo responsabilidad de los responsables de ingeniería. El estilo de código, los umbrales de cobertura de pruebas que superan los estándares existentes, el proceso de sprint y los criterios de gestión del rendimiento diluyen la política cuando se incluyen y reducen la probabilidad de que se lea y se tenga en cuenta.

Prueba práctica antes de distribuir la versión final: lea cada oración y pregúntese si un ingeniero que se enfrenta a una decisión específica bajo presión de tiempo puede dar una respuesta clara y práctica en treinta segundos. Las oraciones que no superen esta prueba se reescriben o se incluyen en documentación complementaria.

9.2 Propiedad del código en un flujo de trabajo basado en agentes: Responsabilidad cuando el agente escribe algo que interrumpe la producción.

La cuestión legal de quién es el propietario del código generado por IA y la cuestión organizativa de quién es responsable de sus consecuencias están relacionadas, pero son distintas. Confundirlas da lugar a políticas que no abordan ninguna de ellas adecuadamente.

La cuestión jurídica sigue siendo realmente incierta en la UE a partir de 2026. Conforme a la Directiva sobre software (Directiva 2009/24/CE) y la Directiva sobre la sociedad de la información (Directiva 2001/29/CE), la protección de los derechos de autor de los programas informáticos exige la autoría humana. El código generado íntegramente por un sistema de IA sin una contribución creativa humana significativa no goza automáticamente de protección por derechos de autor según la interpretación jurídica actual de la UE a partir de 2026. La cuestión de si la especificación de la tarea, la provisión de contexto y la selección entre los resultados generados por el agente constituyen una «autoría humana» suficiente para la protección por derechos de autor es una cuestión que los tribunales de los Estados miembros de la UE no han resuelto mediante jurisprudencia vinculante. Cualquier asesoramiento jurídico que reciba su organización sobre este tema debe reconocer explícitamente esta situación incierta. Sus políticas de propiedad intelectual deben basarse en la premisa conservadora de que la titularidad es disputable hasta que la jurisprudencia de la UE lo aclare.

La cuestión de la responsabilidad organizativa debe resolverse antes de la puesta en marcha, independientemente de la incertidumbre jurídica, porque los incidentes ocurren antes de que se desarrolle la jurisprudencia.

En un flujo de trabajo basado en agentes, tres roles conllevan responsabilidades distintas.

El ingeniero que ejecutó la sesión del agente es responsable de dos aspectos: la idoneidad de la especificación de la tarea (si era lo suficientemente específica para producir el resultado previsto) y la precisión de su revisión inicial del resultado antes de enviar la solicitud de extracción (PR). Un ingeniero que envía una PR basada en el resultado del agente sin haberlo evaluado no cumple con su obligación de responsabilidad, independientemente de los resultados de la revisión posterior.

El ingeniero revisor es responsable del mismo estándar que se aplica al código escrito por humanos. Debe poder explicar en dos frases qué hace el código y por qué el enfoque del agente es correcto antes de aprobar la solicitud de extracción (PR). Si no cumple con este estándar, la PR no se fusiona. Este no es un nuevo requisito de revisión, sino una aclaración de que el estándar de revisión existente se aplica igualmente a los resultados generados por IA.

El responsable de ingeniería es responsable de las condiciones del proceso que hicieron posible una revisión adecuada: si la tarea se definió correctamente para la herramienta, si el ingeniero revisor tenía suficiente contexto del dominio y si se implementaron los controles de calidad pertinentes.

Redacte explícitamente esta cadena de responsabilidades. Defina los roles. Indique las decisiones específicas que corresponde a cada rol. Distribúyala antes de la implementación. Cuando se produzca el primer incidente, una cadena documentada generará una respuesta organizacional coherente. Una cadena implícita dará lugar a un análisis posterior realizado por cuatro personas, sin respuestas claras.

9.3 Redacción de una política que resista el contacto con un equipo de ingeniería real.

Una política se considera válida ante un equipo de ingeniería real cuando se cumplen dos condiciones simultáneamente: el equipo legal puede defenderla y un ingeniero sénior con rigor técnico no puede encontrar una frase que cumpla con la letra pero sea contraria a la intención.

La preocupación común del equipo legal es que la especificidad crea una autorización implícita. Una política que designe al "servicio de procesamiento de pagos" como sujeto a una revisión adicional podría implicar que los servicios no incluidos en la lista no conllevan restricciones adicionales. Esto se resuelve con una cláusula predeterminada: "Los servicios no incluidos en el Anexo A están sujetos a procesos de revisión estándar. Los servicios incluidos en el Anexo A requieren la aprobación de un ingeniero sénior para todo el código generado por IA antes de su integración. El Anexo A se revisa trimestralmente". La cláusula predeterminada elimina la autorización implícita sin necesidad de que la política enumere todos los servicios que opera la organización.

La prueba de especificidad para cada oración del borrador consiste en sustituir cada uso de «apropiadamente», «responsablemente», «según sea necesario» y «cuando corresponda» por la decisión o el umbral que la frase pretende describir. Si no es posible realizar la sustitución —si no existe una decisión o un umbral específico que respalde la frase—, la oración describe una actitud en lugar de un requisito de gobernanza. Las actitudes pertenecen a un documento de valores, no a una política consultada bajo presión de tiempo.

La prueba del ingeniero sénior escéptico es el control de calidad previo a la distribución más rentable. Identifique al ingeniero de su equipo con mayor probabilidad de encontrar interpretaciones creativas de la ambigüedad del lenguaje de las políticas: no el más reacio a la adopción de la IA, sino el lector más riguroso desde el punto de vista técnico. Entréguele el borrador. Pídale que marque cada oración que pueda interpretar de dos maneras legítimas pero contradictorias. Cada oración marcada requiere resolución antes de la distribución. Resolver una ambigüedad en la revisión del borrador lleva una hora. Resolver una ambigüedad en un análisis posterior lleva un día y conlleva un costo para la organización.

> La extensión de la política es un indicador de fiabilidad. Una política completa de gobernanza de IA que abarque las cinco decisiones del marco, la cadena de responsabilidad y el proceso de escalamiento debería ocupar entre dos y tres páginas para una organización de ingeniería de entre 25 y 100 personas . Si la política supera las tres páginas, se deben separar los requisitos de gobernanza del material complementario. Las guías de incorporación, la documentación de la plataforma, las plantillas CLAUDE.md y los anexos específicos de las herramientas deben incluirse en los archivos adjuntos. Una política que requiere más de cinco minutos para leerse es una política que no se lee antes de tomar una decisión importante.

9.4 Gobernanza de herramientas múltiples: Cuando sus ingenieros utilizan Claude Code, Codex y Cursor simultáneamente

> En 2026, la mayoría de las organizaciones de ingeniería no utilizaban una única herramienta de desarrollo de IA, independientemente de si la dirección lo había previsto o no. Los patrones de implementación de organizaciones medianas similares muestran una configuración consistente de múltiples herramientas: Claude Code para tareas complejas y con gran dependencia del contexto, donde la calidad del resultado justifica un mayor coste por tarea; Codex para la revisión asíncrona y la automatización de menor riesgo; y herramientas integradas en el IDE, como Cursor, para la productividad individual en tareas bien definidas y con ámbito de archivo. Cada herramienta opera bajo diferentes acuerdos de gestión de datos, diferentes modelos de permisos y diferentes comportamientos contextuales. Una política de gobernanza escrita para una herramienta no afecta a las demás, y este silencio, dentro de un marco de gobernanza, funciona como un permiso implícito.

La arquitectura que se adapta sin necesidad de una política independiente para cada herramienta consiste en una política central única con anexos específicos para cada herramienta. La política central abarca las decisiones organizativas que se aplican independientemente de la herramienta en ejecución: categorías de datos prohibidos, cadena de responsabilidad, ruta de escalamiento, estándares de revisión y frecuencia de actualización de la política. Los anexos específicos de cada herramienta responden a tres preguntas para cada herramienta aprobada: dónde se almacenan los datos de contexto y cuánto tiempo se conservan, cuál es el modelo de permisos de la herramienta para el acceso al sistema de archivos y a la red, y qué configuración se requiere antes de que un ingeniero pueda usar la herramienta en un contexto de trabajo.

La respuesta sobre la retención de datos varía considerablemente entre las herramientas y debe especificarse para cada una. La API de Anthropic, configurada con Retención Cero de Datos, implica que las solicitudes no se almacenan más allá de la sesión ni se utilizan para el entrenamiento del modelo, según la documentación pública de gestión de datos de la API de Anthropic (a fecha de agosto de 2026). El Codex de OpenAI opera con diferentes condiciones de retención según el nivel de la API y la configuración de privacidad. La gestión de datos de Cursor depende de si las funciones de IA se envían a la inferencia en la nube o a un modelo que se ejecuta localmente. Su CISO requiere una respuesta específica para cada herramienta aprobada, no una garantía general de que la gestión de datos sea adecuada para toda la categoría.

El problema de la adopción informal requiere una respuesta política explícita. Para cuando la mayoría de las organizaciones formalizan la gobernanza de múltiples herramientas, los ingenieros suelen haber estado utilizando una o más herramientas no aprobadas durante semanas o meses. Incluya un período de registro de treinta días en la implementación: los ingenieros declaran cualquier herramienta de desarrollo de IA que estén utilizando actualmente y que no esté en la lista aprobada. Las herramientas que se identifiquen mediante autodeclaración y que cumplan con los criterios de aprobación se incorporan al marco de gobernanza. Aquellas que no los cumplan se prohíben con una justificación específica o se someten a una revisión acelerada. Permitir que el uso informal continúe sin declararse porque la política no lo aborda crea una brecha de auditoría que se manifiesta en las revisiones de cumplimiento en lugar de durante las operaciones normales, cuando es considerablemente más problemático solucionarlo.

9.5 La matriz RACI para la toma de decisiones relacionadas con la IA

Los documentos de gobernanza asignan responsabilidades en prosa. El problema de la asignación de responsabilidades en prosa es el tiempo de respuesta. Consultar un documento normativo para responder a la pregunta "¿quién toma esta decisión ahora mismo?" en situaciones de emergencia lleva más tiempo del que la situación suele permitir. La matriz RACI responde a esta pregunta en el tiempo que se tarda en localizar la fila correspondiente.

RACI (Responsable, Rendición de Cuentas, Consultado, Informado) es un estándar de gestión de proyectos que se aplica aquí a las decisiones de gobernanza. En el contexto de la gobernanza de la IA, la distinción entre Responsable y Rendición de Cuentas es, sistemáticamente, la más difusa. Responsable se refiere a quien toma la decisión. Rendición de Cuentas se refiere a quien es dueño del resultado: la persona que no puede transferir la responsabilidad, solo delegar el trabajo. Una matriz que enumera a varias personas como responsables de una decisión no resuelve la cuestión de la rendición de cuentas; la pospone.

Cinco categorías de decisión requieren una claridad RACI explícita.

Las decisiones de aprobación y eliminación de herramientas conllevan riesgos para la organización, ya que modifican la superficie de gobernanza. Incorporar una herramienta aumenta la exposición al manejo de datos. Eliminar una puede afectar a los ingenieros que dependen de ella. Ambas situaciones requieren la intervención y la responsabilidad de más de una persona.

Las decisiones sobre cambios en las políticas —las modificaciones al documento de gobernanza— requieren la opinión del director de ingeniería, una revisión legal y la aprobación del director de tecnología antes de entrar en vigor. Una política que los ingenieros pueden actualizar sin la aprobación legal ni de la dirección no constituye un documento de gobernanza.

Las decisiones de respuesta a incidentes requieren una rendición de cuentas rápida e inequívoca. Cuando un incidente de producción se atribuye a código generado por IA en un contexto que la política debería haber contemplado, la persona responsable de la respuesta al incidente se identifica en la matriz y está disponible de inmediato, independientemente de quién esté en línea al momento de abrir el ticket.

Las decisiones de evaluación de proveedores para nuevas herramientas requieren una evaluación tanto técnica como legal antes de que se otorgue acceso de evaluación a cualquier ingeniero. El acceso de evaluación a una herramienta no aprobada es una decisión política, no una excepción.

Las decisiones de aprobación del presupuesto requieren la consulta del director financiero para gastos superiores a un umbral definido. Este

> umbral se indica mediante una cifra específica en la matriz, no como "compras significativas".

Matriz RACI de gobernanza del desarrollo de la IA

> R = Responsable (realiza el trabajo). A = Responsable (es dueño del resultado — uno por fila). C = Consultado (se requiere información antes de la decisión). I = Informado (se le notifica después de la decisión). Complete los roles actuales antes de distribuir.

Categoría de decisión	CTO	Director de ingeniería	Jefe de equipo	CISO	Legal	director de Finanzas
Aprobación de la herramienta: añadir a la lista de aprobadas	A	R	do	do	do	I
Extracción de herramientas: eliminar de la lista de herramientas aprobadas	A	R	do	do	I	I
Actualización de la política: menor (Anexo A, redacción)	A	R	do	do	do	I
Actualización de políticas: importante	A	R	I	do	R	I

Categoría de decisión	CTO	Director de ingeniería	Jefe de equipo	CISO	Legal	director de Finanzas
(cadena de responsabilidades, datos prohibidos)						
Respuesta ante incidentes: incidente de producción relacionado con la gobernanza	A	R	R	do	do	I
Comunicación de incidentes: notificación al cliente o a las autoridades reguladoras.	A	I	I	do	R	do
Evaluación de proveedores: evaluación de nuevas herramientas	do	R	do	do	R	I
Aprobación del presupuesto: herramientas de IA, por debajo del umbral definido.	A	R	I	I	I	do
Aprobación del presupuesto:	do	R	I	I	I	A

Categoría de decisión	CTO	Director de ingeniería	Jefe de equipo	CISO	Legal	director de Finanzas
herramientas de IA, por encima del umbral definido.						
Escalada del ingeniero: alcance de la tarea incierto	I	do	A	I	I	I
Actualización de CLAUDE.md — a nivel de equipo	I	do	A	I	I	I
Actualización de CLAUDE.md — a nivel de toda la organización	do	A	R	I	I	I

Tres reglas para usar esta matriz:

Cada fila tiene exactamente una A. Una matriz con dos entradas A en una fila no ha tomado la decisión de responsabilidad; ha registrado un desacuerdo sin resolver.

Revise y actualice la tabla RACI cuando cambie algún responsable, cuando se añada una nueva herramienta o cuando se revise la política. Una tabla RACI desactualizada es más peligrosa que no tener ninguna, ya que incluye a alguien que ya no desempeña el cargo.

Adjuntar a la política de gobernanza como Anexo 1. Distribuir a todos los responsables de los roles durante la implementación. Controlar las versiones junto con el documento de la política, no por separado.

— CAPÍTULO 10 —

QUÉ DECIRLE A SU CISO

La conversación sobre seguridad que necesitas tener antes de la que te ves obligado a tener.

La invitación al calendario llegó el lunes a las 9:14 a. m. Asunto: "Herramientas de IA: Revisión del manejo de datos". Enviada por Cristina Valls, CISO. La reunión fue el jueves a las 2 p. m. El orden del día constaba de una sola frase: "Antes de proceder con una implementación más amplia, necesito entender dónde se ubica nuestro código".

El director de tecnología ya esperaba esta pregunta. Lo que no esperaba era que llegara como una invitación de calendario con solo 72 horas de antelación, en lugar de ser una conversación que él mismo iniciara.

Esa asimetría era importante. Un CISO que programa una revisión del manejo de datos porque nadie le planteó la cuestión previamente ya tiene una impresión preconcebida, ya sea por una conversación con un colega del sector, un boletín de seguridad o, simplemente, por la ausencia de comunicación proactiva por parte del equipo de ingeniería. Las impresiones previas en el ámbito de la seguridad casi siempre son más conservadoras que la realidad técnica, y se forman antes de que comience la reunión.

Para el jueves a las 2 de la tarde, Cristina llevaba tres días con la perspectiva equivocada. La reunión se convirtió en una sesión de defensa en lugar de una sesión informativa. El lanzamiento se suspendió durante seis semanas mientras una revisión que el director de tecnología podría haber completado en diez días se desarrollaba en un clima de mutua desconfianza.

Este capítulo sirve de preparación para esa reunión. También expone las razones por las que deberías llamar a Cristina antes de que ella te llame.

10.1 Residencia de datos en lenguaje sencillo: dónde se ubican realmente su código y su contexto.

Cuando un ingeniero ejecuta una sesión de Claude Code mediante la API de Anthropic, la solicitud —que contiene fragmentos de código, contenido de archivos, descripciones de tareas e historial de conversaciones— se transmite a la infraestructura de Anthropic para su procesamiento. El modelo genera una respuesta. El intercambio se realiza a través de una conexión cifrada. Lo que el CISO necesita saber no es que se produzca la transmisión —eso es cierto para cualquier herramienta de desarrollo en la nube—, sino exactamente adónde van los datos después de la transmisión, cuánto tiempo se conservan, con qué fines y bajo qué condiciones contractuales.

Anthropic procesa las solicitudes de API en infraestructura ubicada en Estados Unidos, según la documentación pública de la API de Anthropic disponible a agosto de 2026. Para las organizaciones con sede en la UE que tienen requisitos de residencia de datos, este es el primer dato relevante. A diferencia de algunos servicios en la nube que ofrecen la residencia de datos en la UE como configuración estándar, Anthropic no ofrece el procesamiento en la región de la UE como una opción documentada y generalmente disponible a agosto de 2026. Si esto genera un problema legal u operativo para su organización depende de la naturaleza de los datos que ingresan a la ventana de contexto y de sus obligaciones contractuales específicas.

Las categorías de datos que con mayor frecuencia ingresan a las sesiones de Claude Code en un flujo de trabajo de ingeniería son el código fuente, los archivos de configuración y la documentación. El código fuente generalmente no se considera dato personal según la definición del artículo 4(1) del RGPD como "información relativa a una persona física identificada o identificable", a menos que contenga datos personales incrustados: pruebas con registros de usuarios reales, identificadores codificados o esquemas de datos que hagan referencia a registros individuales reales. Los archivos de configuración pueden contener credenciales de servicio o información interna de puntos finales que conllevan un riesgo diferente al del propio código. El marco CLAUDE.md del Capítulo 14 explica cómo evitar que las categorías de credenciales ingresen al contexto.

El problema radica en que el CISO concluye que el procesamiento en EE. UU. constituye un obstáculo insalvable sin evaluar con precisión qué datos se procesan durante una sesión de ingeniería típica. La respuesta correcta a su pregunta sobre la residencia no es «nuestros datos nunca salen de la UE», sino «esto es lo que se procesa en nuestro entorno, esta es la clasificación de datos de cada categoría y esta es la razón por la que el procesamiento en EE. UU. de este tipo específico de datos no genera una obligación que impida la implementación».

Para obtener esa respuesta, es necesario completar el trabajo de clasificación de datos antes del jueves. La configuración de CLAUDE.md que restringe la entrada de categorías de datos prohibidas al contexto no es opcional; es un requisito previo que permite generar una declaración de residencia precisa.

10.2 Retención cero de datos: qué significa contractualmente frente a qué significa operativamente.

La función de Retención Cero de Datos (ZDR, por sus siglas en inglés) está disponible para los clientes de API elegibles a través de Anthropic, según la documentación pública de Anthropic sobre el manejo de datos de la API, vigente desde agosto de 2026. Bajo la configuración ZDR, Anthropic no almacena las solicitudes ni las respuestas completadas más allá del tiempo necesario para generar una respuesta, ni las utiliza para el entrenamiento de modelos. Este es el compromiso contractual: lo que Anthropic se compromete a no hacer con los datos procesados bajo un acuerdo que permite la ZDR.

Es necesario aclarar con igual precisión en la conversación con el CISO qué no significa ZDR.

ZDR no modifica el lugar de procesamiento. Los datos se siguen procesando en la infraestructura de Anthropic, ubicada en EE. UU. ZDR no garantiza la ausencia total de registros de tránsito a nivel de infraestructura de red; existen registros a nivel de conexión en cualquier servicio en la nube y quedan fuera del alcance de ZDR. ZDR no se aplica automáticamente a todo el uso de la API; su activación requiere una configuración explícita según el nivel de acuerdo correspondiente y debe verificarse con la configuración actual de la cuenta, no asumirse a partir del tipo de plan. ZDR no cubre los datos que pasan por integraciones de terceros, conexiones MCP o complementos que se enrutan a través de infraestructura fuera del entorno de procesamiento de Anthropic antes de que se envíe una solicitud.

El paso de verificación de activación es donde las organizaciones suelen encontrar discrepancias entre lo que creen y lo que realmente está configurado. Un departamento de ingeniería que asume que ZDR está activo porque tiene una cuenta de API de Anthropic en un nivel determinado puede que no lo haya activado explícitamente. Verifique el estado de ZDR comparándolo con la configuración de la cuenta y la documentación del acuerdo correspondiente antes de informar a su CISO que ZDR está implementado. Presentar una captura de pantalla de la configuración de la cuenta en la reunión es mucho más efectivo que afirmar que ZDR "debería estar" activo.

La distinción operativa que su CISO realmente necesita es entre dos preocupaciones distintas que probablemente esté confundiendo. Un CISO preocupado por que el código fuente propietario no se utilice para entrenar un modelo comercial encontrará que ZDR responde directamente a esa preocupación, ya que aborda específicamente ese problema. Un CISO preocupado por la residencia de datos en la UE encontrará que ZDR es relevante, pero insuficiente, porque ZDR aborda la retención y el uso para el entrenamiento sin cambiar la ubicación de procesamiento. Se trata de preocupaciones distintas que requieren conversaciones distintas. Prepárese para ambas.

10.3 Propiedad del código generado en la UE: lo que deben incluir sus contratos

La situación de la propiedad intelectual del código generado por IA en la UE no está definida legalmente a fecha de 2026. Cualquier asesor jurídico que la presente como resuelta exagera el estado actual de la jurisprudencia de la UE. Lo que existe es un marco con principios doctrinales claros y cuestiones pendientes importantes sobre su aplicación a los resultados de la IA.

Según la Directiva sobre software (Directiva 2009/24/CE), los programas informáticos están protegidos como obras literarias por derechos de autor. Conforme a la Directiva sobre la sociedad de la información (Directiva 2001/29/CE), la protección de los derechos de autor exige originalidad; concretamente, que la obra sea «creación intelectual propia del autor». La doctrina de la UE sobre derechos de autor no reconoce la autoría no humana. El código generado íntegramente por un sistema de IA sin una contribución creativa humana significativa no está protegido por los derechos de autor de la UE según el marco doctrinal vigente.

Donde la ley no está clara: si la especificación de la tarea humana, la provisión de contexto, la dirección de la iteración y la selección del resultado constituyen en conjunto una "contribución creativa humana" suficiente para la protección por derechos de autor, y a quién pertenecerían dichos derechos en caso afirmativo. Ningún tribunal de un Estado miembro de la UE ha emitido una decisión vinculante sobre esta cuestión hasta 2026. Los casos pendientes en los tribunales de los Estados miembros de la UE podrían aclarar la situación, pero aún no lo han hecho.

Tres cláusulas contractuales abordan la cuestión de la propiedad sin requerir que se resuelva la cuestión legal.

Los contratos laborales deben incluir una cláusula que asigne al empleador todos los productos de trabajo generados mediante herramientas de desarrollo de IA durante la relación laboral, tanto los creados por humanos como los generados con ayuda de IA. Esta cláusula asigna los derechos existentes sin declarar necesariamente la existencia de derechos de autor.

Los contratos con los clientes deben incluir una cláusula que indique que la organización entregará el producto final libre de reclamaciones de propiedad intelectual de terceros y que las metodologías asistidas por IA se utilizan de conformidad con un marco de gobernanza documentado. No garantice que el código generado por IA esté libre de cargas de propiedad intelectual si su asesor legal no puede emitir una opinión favorable sobre el estado de los derechos de autor. En su lugar, indique que el marco de gobernanza gestiona adecuadamente el riesgo de propiedad intelectual.

Los acuerdos de API de Anthropic deben revisarse para determinar los términos de propiedad intelectual aplicables al uso de Claude Code, específicamente si los resultados generados mediante sus modelos conllevan algún derecho reservado. Consulte directamente con un asesor legal para conocer los términos aplicables, en lugar de basarse en resúmenes.

10.4 Superficie de aplicación del RGPD en un flujo de trabajo de desarrollo basado en agentes

El ámbito de aplicación del RGPD para el desarrollo de agentes es más reducido de lo que la mayoría de los CISO suponen inicialmente y más amplio de lo que la mayoría de los equipos de ingeniería consideran. La pregunta clave es qué patrones de uso generan obligaciones del RGPD según el Reglamento (UE) 2016/679 y cuáles no.

Las obligaciones del RGPD se aplican cuando los datos que se procesan se consideran datos personales, es decir, información relativa a una persona física identificada o identificable, según el artículo 4(1). La mayoría del código fuente no cumple con esta definición. Un servicio que procesa la autenticación de usuarios en tiempo de ejecución es código; el código en sí no son datos personales, aunque el servicio maneje datos personales durante su ejecución.

Tres escenarios de ingeniería introducen datos personales en un flujo de trabajo de desarrollo basado en agentes.

Primero: entornos de prueba o conjuntos de datos de desarrollo con datos reales de usuarios. Los ingenieros que cargan muestras de datos de producción en entornos de desarrollo y ejecutan sesiones de agentes sobre ellas introducen datos personales en la ventana de contexto. El artículo 5(1)(c) del RGPD exige que los datos personales se limiten a lo estrictamente necesario para la finalidad del tratamiento. El uso de datos reales de usuarios en entornos de prueba infringe este principio, independientemente de la participación de herramientas de IA. La solución consiste en la pseudonimización de los conjuntos de datos de desarrollo, una práctica de ingeniería de datos, no una política específica de IA.

Segundo: reproducción de errores mediante registros de producción. Los archivos de registro que contienen direcciones IP o identificadores de sesión de usuario se consideran datos personales según la normativa de protección de datos de la UE. Cuando los ingenieros cargan registros de producción en una sesión de agente para depurar, introducen datos personales en el contexto. La solución consiste en depurar los registros antes de que cualquier dato de registro entre en una ventana de contexto de IA; documente este requisito en su política de gestión de datos para entornos de desarrollo.

Tercero: bases de código heredadas con datos personales incrustados en los archivos fuente. Poco común, pero no raro en sistemas antiguos: constantes, comentarios o datos de prueba en archivos fuente que contienen datos personales reales. La configuración de permisos del arnés en el Capítulo 13 explica cómo restringir el acceso del agente a patrones de archivo específicos.

El artículo 35 del RGPD exige una evaluación de impacto relativa a la protección de datos antes de procesar información que pueda suponer un alto riesgo para las personas físicas. La ejecución de Claude Code sobre el código fuente de una aplicación general no cumple con este requisito. La ejecución de sesiones de agente sobre archivos que contienen datos personales requiere una evaluación de impacto relativa a la protección de datos (EIPD) en consulta con el responsable de protección de datos, y no una decisión unilateral de ingeniería.

10.5 SOC 2, marcos de cumplimiento y el informe breve de una página para el CISO.

Anthropic mantiene la certificación SOC 2 Tipo II, según la documentación pública de confianza y cumplimiento de Anthropic disponible a agosto de 2026. La certificación SOC 2 Tipo II implica que un auditor independiente evaluó los controles de seguridad de Anthropic durante un período definido —generalmente de seis a doce meses— y certificó que dichos controles funcionaron eficazmente durante todo ese tiempo. Esto difiere sustancialmente de la certificación SOC 2 Tipo I, que solo certifica que los controles existían en un momento específico.

Lo que el informe SOC 2 Tipo II le indica a su CISO: Los controles de seguridad de Anthropic para los servicios incluidos en el alcance fueron auditados de forma independiente y se determinó que funcionan eficazmente. Lo que no les indica: El alcance del SOC 2 varía según el proveedor. Los servicios, la infraestructura y los objetivos de control específicos que se incluyen en el informe SOC 2 de Anthropic se detallan en el propio informe. Solicite el informe SOC 2 Tipo II directamente a Anthropic bajo un acuerdo de confidencialidad antes del jueves. Presentar el informe es completamente diferente a prometer obtenerlo.

La norma ISO 27001 es el estándar internacional para sistemas de gestión de la seguridad de la información. La documentación de cumplimiento de Anthropic, disponible públicamente a agosto de 2026, no incluye la certificación ISO 27001. Las organizaciones cuyos marcos de cumplimiento exigen que los proveedores de herramientas de IA cuenten con la certificación ISO 27001 deben abordar esta deficiencia explícitamente con su CISO, en lugar de considerar la certificación SOC 2 como equivalente. Si bien ambas certificaciones abarcan dominios de control superpuestos, no son intercambiables.

Las disposiciones generales de la Ley de IA de la UE entraron en vigor en agosto de 2026. Anthropic, como proveedor del modelo, tiene las principales obligaciones regulatorias en virtud de estas disposiciones. Las organizaciones que utilizan Claude Code a través de la API son clientes del proveedor, no proveedores en sí mismos, y no tienen obligaciones a nivel de proveedor en virtud de la Ley de IA de la UE para el modelo subyacente. Si su implementación específica de agentes constituye un "sistema de IA de alto riesgo" según el Anexo III de la Ley de IA de la UE depende del dominio de aplicación en el que se implementa su resultado de ingeniería, no de la herramienta de desarrollo en sí. Esta es una cuestión que debe consultar con un asesor legal con experiencia en la Ley de IA de la UE, no una determinación general.

El informe de una página para el CISO

Distribúyalo directamente antes o durante la reunión de revisión de seguridad. Complete los campos específicos de la organización antes de imprimir.

Claude Code: Resumen sobre seguridad y cumplimiento normativo

Organización: ___ · Preparado por: CTO · Fecha: ___ · Para: Revisión del CISO

Manejo de datos

Tema	Configuración actual	Estado
Ubicación de procesamiento	Infraestructura antrópica, Estados Unidos	Confirmado según la documentación de la API de Anthropic, agosto de 2026.
Residencia de datos en la UE	No estará disponible como configuración estándar a partir de agosto de 2026.	Se ha completado la evaluación de residencia de datos; véase el archivo adjunto.
Retención de datos cero	[Activo / No activo] — verificar según la configuración de la cuenta	Activación documentada en la configuración de la cuenta.
Uso de indicaciones en el entrenamiento	Prohibido bajo la configuración ZDR	Según la documentación de gestión de datos de la API de Per Anthropic
Datos en la ventana de contexto	Código fuente, configuración (credenciales excluidas a través de CLAUDE.md)	Evaluación de la clasificación de datos: adjunta

Propiedad intelectual

Tema	Estado
Propiedad del código generado, UE	Situación legal incierta a partir de 2026. Los contratos laborales se han

Tema	Estado
	actualizado para asignar la producción asistida por IA al empleador.
cláusula de propiedad intelectual del contrato con el cliente	Actualizado para reflejar el marco de gobernanza que gestiona el riesgo de propiedad intelectual. No se ofrece garantía de titularidad libre de cargas.
Términos de propiedad intelectual de API antrópica	Revisado con asesoría legal: los derechos de salida se confirman según el acuerdo aplicable.

Certificaciones de cumplimiento (Antrópicas)

Estructura	Estado	Fuente
SOC 2 Tipo II	Certificado: informe disponible a solicitud de Anthropic bajo acuerdo de confidencialidad.	Documentación sobre fideicomisos antrópicos, agosto de 2026
ISO 27001	No figura en la documentación pública de Anthropic a fecha de agosto de 2026.	Documentación de fideicomiso antrópico
Ley de IA de la UE	Anthropic es la parte obligada a nivel de proveedor. Las obligaciones a nivel de cliente se evalúan por separado.	Evaluación de asesoría legal pendiente

Evaluación del RGPD

> Sesiones ordinarias de Claude Code sobre el código fuente de la aplicación: no se identificó ningún procesamiento de datos personales. La política de manejo de datos del entorno de desarrollo se actualizó para prohibir el uso de datos personales en los entornos de prueba y exigir la limpieza de registros antes de las sesiones de depuración. Se activa una evaluación de impacto en la protección de datos (EIPD) si se requiere el acceso del agente a archivos que contienen datos personales; se consulta al responsable de protección de datos (DPO) antes de permitir dicho acceso.

Elementos pendientes antes de la implementación completa

> ☐ Informe SOC 2 Tipo II recibido de Anthropic bajo acuerdo de confidencialidad
>
> ☐ Activación de ZDR verificada en la configuración de la cuenta
>
> ☐ La evaluación de la clasificación de datos fue revisada y firmada por el CISO.
>
> ☐ Reglas de exclusión de credenciales de CLAUDE.md probadas en el entorno de prueba
>
> ☐ Se consultó al DPO sobre la actualización de la política de manejo de datos del entorno de desarrollo.

— CAPÍTULO 11 —

EL PROBLEMA DE LA APLICACIÓN VIBECODED

¿Qué hacer cuando tu director ejecutivo construyó algo en un fin de semana y quiere que esté en producción para el lunes?

El mensaje llegó el domingo a las 19:43 en el canal de Slack del equipo directivo de ingeniería. El director ejecutivo había adjuntado un enlace de Loom y tres palabras: "Échale un vistazo".

El director de tecnología vio el vídeo de doce minutos dos veces. Se trataba de una herramienta de incorporación de clientes desarrollada con Claude Code en 48 horas, algo que el equipo de producto llevaba dos trimestres solicitando sin éxito. La directora ejecutiva la había creado ella misma. Era visualmente coherente, el flujo de trabajo principal funcionaba correctamente y los últimos treinta segundos del vídeo contenían la frase que el director de tecnología estaba esperando: «Me encantaría que la vieran usuarios reales la semana que viene. ¿Podría el equipo hacer una revisión rápida e implementarla? Ya casi está lista».

El director de tecnología tomó nota mental de lo que "casi terminado" no incluía: pruebas de ningún tipo, flujos de autenticación codificados con lo que parecían ser credenciales de desarrollo, dos integraciones de API externas sin manejo de errores y un modelo de datos que no sobreviviría a usuarios concurrentes.

Faltaban treinta horas para el lunes. La conversación era inevitable.

11.1 Por qué los prototipos de Vibecode no van a desaparecer y por qué ese es tu problema.

La dinámica organizativa que da lugar a las aplicaciones con código Vibe existe desde que personas sin formación en ingeniería tuvieron acceso a herramientas que permiten crear software funcional sin disciplina ingenieril. Lo que cambió en 2025 y 2026 fue la calidad superficial de los productos que estas herramientas generan. Un director ejecutivo que creó algo con Claude Code usando Sonnet 5 durante un fin de semana no produjo un simple boceto. Produjo algo que, desde la perspectiva del usuario, resulta indistinguible de un producto terminado. Esa brecha entre la funcionalidad superficial y la preparación para la producción es ahora completamente invisible para cualquiera que no haya programado software profesionalmente.

Esto genera una nueva categoría de tensión organizacional, distinta de los problemas anteriores relacionados con la "TI en la sombra". Un director ejecutivo que creó una macro de hoja de cálculo y quiso implementarla generó un problema de proceso. Un director ejecutivo que creó una aplicación web completa con flujos de autenticación, integraciones de API externas y una capa de persistencia de datos, y quiere implementarla, generó un problema de responsabilidad de ingeniería. La herramienta que utilizaron generó algo que se parece a un software de producción. Ahora, sus ingenieros son responsables de las consecuencias si se comporta como lo que realmente es: un prototipo sin infraestructura de producción.

La tensión se agrava por la dinámica política que dificulta abordar este problema directamente. El director ejecutivo participó en el desarrollo del producto. Lo vio funcionar. Comprende el valor para el usuario. Desde su perspectiva, la vacilación del equipo de ingeniería parece una lentitud institucional aplicada a algo que es demostrablemente funcional. Desde su perspectiva, parece que les entregan un código fuente que provocará un incidente en producción a las dos semanas de su implementación, con un cronograma que hace que una auditoría adecuada se perciba como resistencia.

El modo de fallo es el camino de menor resistencia: asignar a un ingeniero para "corregir los errores", implementarlo bajo presión y descubrir en la tercera semana lo que la auditoría habría revelado en dos horas. El ingeniero que corrigió los errores hereda la responsabilidad de un código que no diseñó y que no comprende del todo, todo ello con un plazo que le impidió realizar el trabajo correctamente. El incidente de producción que se produce a continuación se atribuye al departamento de ingeniería, no a la decisión de implementación.

La respuesta correcta es una evaluación estructurada, rápida y fundamentada. No una negativa a trabajar con el prototipo; ese costo político es real e innecesario. Una evaluación que dure dos horas, genere una decisión documentada y le brinde al director ejecutivo una visión clara del contenido real de su código fuente.

11.2 La auditoría de cinco puntos: lo que revelan dos horas de evaluación

La auditoría de cinco puntos no es una revisión de código. Es una evaluación diseñada para responder una pregunta en el tiempo mínimo necesario para responderla con precisión: ¿este prototipo necesita mejoras antes de su implementación o necesita ser reemplazado antes de su implementación? Cada punto requiere entre quince y treinta minutos y produce un hallazgo específico y documentable.

Punto uno: superficie de seguridad. Examine cada punto final externo y cada flujo de autenticación. En concreto: ¿están las credenciales codificadas en algún lugar de los archivos fuente? ¿Están las claves API en el repositorio? ¿Se validan las entradas del usuario antes de su uso? Un prototipo con código Vibe, desarrollado rápidamente sin contexto de seguridad, normalmente fallará al menos una de estas tres comprobaciones. Un prototipo donde aparecen credenciales de producción en los archivos fuente no es apto para su implementación, independientemente de cualquier otro hallazgo. La solución no consiste en eliminar las credenciales, sino en auditar a qué acceden y si ya se ha producido alguna exposición.

Segundo punto: supuestos sobre el manejo de datos. Identifique cada ubicación donde se almacenan, transmiten o procesan datos de usuario. Observe si los requisitos de minimización de datos del artículo 5(1)(c) del RGPD se cumplen o se infringen desde el diseño; específicamente, si el prototipo recopila datos que no necesita para su función declarada. Una herramienta de incorporación de clientes con código Vibecode, desarrollada en 48 horas, puede haber recopilado campos de datos porque parecían útiles, no porque una revisión de minimización de datos concluyera que eran necesarios. En el contexto de la UE, implementar un sistema que procesa datos personales sin una base legal según el artículo 6(1) del RGPD crea un riesgo regulatorio que el director ejecutivo que lo desarrolló durante el fin de semana no tenía motivos para considerar.

Tercer punto: deuda arquitectónica. Analicemos la cantidad de suposiciones implícitas que el prototipo hace sobre su entorno de ejecución: uso por un solo usuario, ausencia de solicitudes concurrentes, memoria infinita, ausencia de fallos de red. Estas suposiciones son invisibles en una demostración y catastróficas en producción. Un prototipo que gestiona la autenticación con un enfoque de almacenamiento de sesión que funciona para un usuario y falla silenciosamente para varios usuarios concurrentes no es un error, sino una suposición arquitectónica que el entorno de demostración nunca probó.

Cuarto punto: riesgo de dependencias. Enumera todas las bibliotecas, API y servicios externos de los que depende el prototipo y evalúa si cada dependencia recibe mantenimiento activo y es adecuada para su uso en producción. Un prototipo codificado con Vibecode suele incluir bibliotecas que funcionaron para la tarea en cuestión, pero que presentan vulnerabilidades conocidas, han sido descontinuadas o existen únicamente como dependencias de desarrollo, no apropiadas para compilaciones de producción.

codificado con Vibecode no tenga pruebas automatizadas . Hay que documentarlo. La ausencia de pruebas no significa automáticamente que el prototipo no se pueda recuperar, pero sí implica que cada cambio de ingeniería posterior conlleva un mayor riesgo y una ejecución más lenta que en un código base probado, y el coste de añadir cobertura de pruebas debe incluirse en cualquier estimación de recuperación.

Complete los cinco puntos. Escriba un párrafo por cada hallazgo. Este documento es lo que presentará en la conversación con el director ejecutivo en la Sección 11.5.

11.3 Controles de calidad: ¿Qué debe cumplirse antes de que cualquier prototipo entre en un entorno de producción?

Los criterios de calidad para el despliegue de prototipos no son recomendaciones. Son condiciones innegociables que se aplican a todo código fuente que llega a un entorno de producción, independientemente de quién lo haya desarrollado, de la urgencia de la empresa o de la funcionalidad de la demo. Presentarlos como opiniones de ingeniería en lugar de estándares organizativos es el error que genera la negociación política que se pretende evitar.

Para que cualquier prototipo pueda pasar a producción, deben cumplirse cuatro condiciones.

Revisión de seguridad completada. Cada hallazgo del punto uno de la auditoría debe resolverse antes del despliegue, no después. Las credenciales codificadas deben eliminarse y rotarse. Las claves API expuestas deben invalidarse y volver a emitirse. Los flujos de autenticación deben validarse según al menos los criterios básicos de las pruebas de penetración. Esto no es una negociación de plazos. Un prototipo desplegado con credenciales de producción codificadas presenta una vulnerabilidad de seguridad desde el momento del despliegue, y esta vulnerabilidad existe independientemente de la rapidez con la que se programe su corrección.

Tratamiento de datos conforme a la normativa. Toda actividad de tratamiento de datos personales debe contar con una base jurídica documentada conforme al artículo 6(1) del RGPD antes de su implementación. Si el prototipo recopila datos sin una base jurídica, las opciones son eliminar la recopilación, añadir mecanismos de consentimiento o evaluar si procede una valoración de intereses legítimos conforme al artículo 6(1)(f). Implementar y abordar esta situación tras la primera recopilación de datos de usuario genera un incumplimiento normativo que la acción correctiva no resuelve retroactivamente.

Se ha implementado el manejo de errores. El prototipo debe gestionar fallos de red, tiempos de espera de la API, usuarios concurrentes y entradas no válidas sin generar excepciones no controladas que provoquen el bloqueo del servicio o la corrupción de datos. Una demostración que funciona porque sus condiciones están controladas no es una implementación lista para producción. El manejo de errores no es un simple detalle estético, sino la diferencia entre un sistema que gestiona los fallos de forma adecuada y uno que falla de manera que corrompa los datos del usuario o exponga los componentes internos del sistema.

Se ha establecido una cobertura mínima de pruebas. No se trata de una cobertura exhaustiva, sino de un umbral mínimo negociado con los responsables de ingeniería en función del perfil de riesgo del servicio. Para un servicio de atención al cliente que gestiona datos personales, un mínimo razonable es una cobertura del 70 % de los flujos de usuario críticos identificados en la revisión de cumplimiento de la normativa sobre gestión de datos. Este umbral figura en el documento de política antes de realizar cualquier auditoría de prototipos, y no se aplica a cada prototipo individualmente.

Estas cuatro etapas se comunican a los líderes no técnicos antes de la llegada de cualquier prototipo específico, no durante la conversación sobre dicho prototipo. Un estándar comunicado con antelación se interpreta como una política. Un estándar introducido durante una discusión sobre el despliegue se interpreta como resistencia.

11.4 El marco de decisión de rescate o reescritura

La decisión de rescatar o reescribir el código se basa en dos factores, no en uno. La evaluación unidimensional —«¿Qué tan malo es el código?»— produce sistemáticamente una respuesta errónea porque ignora el valor comercial inherente al prototipo, cuya reconstrucción requeriría tiempo. La evaluación correcta sopesa la gravedad de la deuda técnica frente al valor comercial de lo existente.

La gravedad de la deuda técnica se evalúa en cuatro dimensiones a partir de los hallazgos de la auditoría: exposición a riesgos de seguridad que requiere corrección antes del despliegue, supuestos arquitectónicos incompatibles con la carga de producción, falta de cobertura de pruebas que impide una modificación segura y riesgo de dependencia por bibliotecas sin mantenimiento o inapropiadas. Cada dimensión se clasifica como alta, media o baja según los hallazgos específicos de la auditoría. Una puntuación de gravedad agregada de tres o más calificaciones altas indica la necesidad de reescribir el código. Dos o menos calificaciones altas, con el resto medias o bajas, indican la necesidad de rescatar el código.

El valor comercial del prototipo existente se evalúa en tres dimensiones: fidelidad del flujo de usuario (con qué precisión el prototipo representa lo que los usuarios harán en realidad, no solo lo que mostró la demostración); supuestos validados (si las 48 horas de desarrollo del CEO incluyeron pruebas con usuarios reales que arrojaron resultados que valiera la pena conservar); y tiempo para la equivalencia funcional (cuánto tiempo tomaría una reescritura para alcanzar una versión que el CEO consideraría comparable a la que desarrolló). Un prototipo con flujos de usuario de alta fidelidad, supuestos validados por las pruebas del CEO con usuarios reales y una estimación de reescritura superior a cuatro semanas tiene un valor intrínseco sustancial. Un prototipo que nunca se mostró a un usuario y que un ingeniero sénior tardaría dos semanas en reescribir limpiamente tiene menos valor.

La matriz de decisión es la intersección. Alta deuda técnica más bajo valor comercial: reescribir. Baja deuda técnica más alto valor comercial: rescatar. Alta deuda técnica más alto valor comercial:

rescatar los flujos de usuario y las decisiones de arquitectura, reescribir la implementación. Este último cuadrante es el más común para prototipos creados por personas sin conocimientos técnicos pero sin experiencia en ingeniería: el razonamiento es válido, pero la ejecución no está lista para producción.

El error en esta decisión radica en permitir que la inversión emocional del director ejecutivo en el prototipo reduzca la evaluación a una simple cuestión de si conservarlo o no. El marco de dos ejes ofrece una respuesta que no se centra en la calidad del prototipo de forma aislada, sino en dónde reside realmente su valor y si este es recuperable sin incurrir en responsabilidades.

Tome la decisión antes de la conversación. Preséntela junto con los resultados de la auditoría, no como un juicio aparte.

11.5 La lista de verificación de auditoría del prototipo y la conversación con su director ejecutivo

La lista de verificación de auditoría no es para el CTO. Es para el ingeniero que realiza la auditoría y para el CEO que necesita comprender qué contiene realmente su prototipo. Una lista de verificación redactada en lenguaje técnico comunica las conclusiones a los responsables técnicos. Una lista de verificación redactada en lenguaje sencillo comunica las decisiones a la persona que construyó el producto y ahora espera saber qué sucede con él.

Escriba la lista de verificación en dos columnas: qué se examinó y qué se encontró. Evite la terminología técnica cuando una descripción sencilla sea suficiente. «Se encontraron credenciales de autenticación en los archivos fuente» es más claro para un director ejecutivo sin conocimientos técnicos que «Se detectaron secretos codificados en el repositorio». Ambas expresiones comunican el mismo hallazgo. La versión sencilla no requiere interpretación.

La conversación con el director ejecutivo sigue una secuencia de cuatro puntos. Primero, reconozca lo que se ha creado: «En 48 horas, crearon algo con un flujo de usuario funcional que el equipo de producto ha estado intentando priorizar durante dos trimestres. Eso es algo real». Esto no es un halago para suavizar las malas noticias, sino una afirmación precisa que distingue el valor de lo demostrado de la preparación para la implementación.

En segundo lugar, presente los resultados de la auditoría sin suavizarlos: «Esto es lo que encontramos en la evaluación de dos horas». Entregue la lista de verificación. Déjeles un minuto para leerla.

En tercer lugar, presente la decisión junto con el marco conceptual que la respalda: «Según estos hallazgos, nuestra recomendación es [rescate/reescritura/híbrido]. A continuación, explicamos el porqué». Adjunte la matriz de dos ejes con sus calificaciones completadas. La decisión ya no es su opinión, sino el resultado de un marco conceptual estructurado que pueden comprender.

En cuarto lugar, indique el cronograma y el siguiente paso: qué sucederá esta semana y cuándo el director ejecutivo puede esperar una versión lista para su implementación. Un director ejecutivo que comprende el proceso y tiene una fecha límite puede trabajar con ambas partes. Un director ejecutivo que recibe una negativa sin un plan de acción no puede hacerlo.

Lista de verificación de auditoría de prototipos y árbol de decisiones de rescate/reescritura

El ingeniero lo completa durante la auditoría. Compártalo con el director ejecutivo antes de la conversación sobre la implementación.

Lista de verificación de auditoría de prototipos

Punto de auditoría	¿Qué se examinó?	Descubrimiento	Nivel de riesgo
Seguridad: credenciales	Archivos fuente, archivos de configuración, historial del repositorio	Credenciales presentes/ausente	Alto / Medio / Bajo
Seguridad — autenticación	Flujos de inicio de sesión, gestión de sesiones, manejo de entrada.	Validado / Problemas detectados / No implementado	Alto / Medio / Bajo
Gestión de datos: recopilación	Todos los campos de datos personales recopilados por el prototipo	Cumple / Se identificaron deficiencias / No evaluado	Alto / Medio / Bajo
Tratamiento de datos: base del RGPD	Base jurídica según el artículo 6(1) para cada categoría de datos.	Documentado / Poco claro / No presente	Alto / Medio / Bajo
Arquitectura — concurrencia	Comportamiento con múltiples usuarios simultáneos	Maneja / Falla silenciosamente / Sin probar	Alto / Medio / Bajo
Arquitectura: manejo de errores	Respuesta ante fallos de API,	Implementado / Parcial / Ausente	Alto / Medio / Bajo

Punto de auditoría	¿Qué se examinó?	Descubrimiento	Nivel de riesgo
	tiempos de espera agotados y entradas no válidas.		
Dependencias	Estado de la biblioteca e idoneidad para la producción	Todos los problemas encontrados / Problemas detectados	Alto / Medio / Bajo
Cobertura de pruebas	Presencia de pruebas automatizadas en flujos de usuario críticos	Presente / Mínimo / Ausente	Alto / Medio / Bajo

Árbol de decisiones de rescate o reescritura

> Recuento de calificaciones altas en la auditoría:
>
> 3 o más puntuaciones altas → Reescribir
>
> → Preservar: diseño del flujo de usuario, supuestos validados de las pruebas del CEO
>
> → Descartar: implementación
>
> → Comunicar: "El razonamiento es correcto. La implementación debe reconstruirse de forma segura."
>
> 1–2 Altos → Rescate
>
> → Abordar cada hallazgo importante antes de la implementación.

→ Abordar los medios en el sprint posterior al despliegue

→ Comunicar: "Podemos llevar esto a producción. Esto es lo que se debe resolver primero y el cronograma."

0 Altos, cualquier Medios → Rescate con puertas de calidad estándar

→ Aplicar cuatro puertas de producción de la Sección 11.3

→ Comunicar: "Esto está más cerca de estar listo para producción que la mayoría de los prototipos. Aquí está el trabajo restante y la fecha."

Adjunte la lista de verificación completa y el árbol de decisiones lleno a la conversación con el director ejecutivo. Presente ambos antes de dar una recomendación.

SEGUNDA PARTE

El aspecto técnico

Bases de código · Pipelines · Ingeniería de arneses · Coordinación multiagente

Capítulos 12–22

— CAPÍTULO 12 —

DESARROLLO DE AGENTES A ESCALA DE EQUIPO

¿Qué cambia técnicamente cuando cincuenta desarrolladores toman la misma herramienta la misma mañana?

El sprint comenzó a las 9 de la mañana del lunes. A las 11:30, tres solicitudes de extracción distintas habían llegado al mismo módulo de autenticación, cada una generada por un ingeniero diferente que ejecutaba una sesión de Claude Code, y cada una reflejaba una interpretación diferente del objetivo de refactorización que se había establecido en la planificación del sprint pero que no estaba codificado en CLAUDE.md. Ninguno de los tres ingenieros sabía que los otros estaban trabajando en la misma área. El código base no tenía ningún mecanismo de bloqueo para las tareas del agente. La cola de revisión tenía doce solicitudes de extracción abiertas antes del almuerzo.

El director de ingeniería extrajo los datos del tiempo de ciclo al final del día. El promedio de confirmación para la fusión del lunes fue de 340 minutos, más de cuatro veces el valor de referencia previo a la adopción, que era de 78 minutos. Las solicitudes de extracción no eran de baja calidad. Eran implementaciones competidoras del mismo cambio, producidas simultáneamente, y cada una requería que una persona la evaluara comparándola con otras dos que no había visto al comenzar la revisión.

No se trató de un fallo de la herramienta. Cada agente había hecho exactamente lo que su ingeniero le había pedido. El fallo residía en la infraestructura que rodeaba a los agentes: la ausencia de la capa de coordinación que hace que el trabajo simultáneo de los agentes sea coherente en lugar de costoso.

12.1 Las diez suposiciones de los tutoriales para desarrolladores individuales que fallan al trabajar en equipo.

Cada tutorial de Claude Code se basa en supuestos que resultan imperceptibles cuando un desarrollador trabaja solo y catastróficos cuando cincuenta trabajan simultáneamente. No todos los diez supuestos fallan por igual: tres provocan incidentes en producción, los siete restantes generan fallos en las mediciones y una sobrecarga de coordinación; pero los diez requieren una corrección explícita antes de la implementación a escala de equipo.

Primer supuesto: el contexto es privado. Cuando un desarrollador individual carga un código fuente en una sesión, su contexto le pertenece solo a él. A nivel de equipo, los agentes que trabajan con el mismo repositorio acceden simultáneamente a los mismos archivos compartidos. El contexto no se comparte operativamente —cada sesión es independiente—, pero sí los archivos que esas sesiones leen y modifican. Un agente que lee un módulo a las 9:05 para planificar un cambio lee una versión que puede ser diferente de la que otro agente lee a las 9:07 tras una confirmación no relacionada. La sincronización del contexto no es automática.

Supuesto dos: Las instrucciones de CLAUDE.md son consistentes en todo el equipo. El CLAUDE.md de un desarrollador individual refleja las decisiones de una sola persona. A nivel de equipo, los ingenieros modifican con frecuencia su CLAUDE.md local para adaptarlo al contexto específico de cada tarea, lo que genera divergencias entre el estándar organizacional y la práctica individual. Sin un CLAUDE.md versionado y de cumplimiento obligatorio como fuente autorizada, la desviación de instrucciones es el resultado por defecto. Al segundo mes de una implementación no administrada, ningún ingeniero ejecuta las mismas instrucciones.

Tercer supuesto: la carga de revisión aumenta linealmente con el tamaño del equipo. Si un desarrollador genera cuatro solicitudes de extracción (PR) por semana, veinte desarrolladores generarán ochenta. Los revisores pueden gestionar ochenta PR añadiendo revisores en proporción a la producción. Este supuesto no se cumple en la práctica, ya que el volumen de producción de los agentes no es proporcional al número de empleados, sino al número de tareas que cada ingeniero ejecuta en paralelo. Un equipo de 20 personas, donde la mitad de los ingenieros ejecutan dos sesiones en paralelo cada uno, no genera 80 PR por semana. Puede generar entre 160 y 200, y la profundidad de la revisión disminuye a medida que los revisores procesan el doble de su carga inicial.

Supuesto cuatro: Los flujos de trabajo de Git manejan los cambios concurrentes de forma limpia. Los tutoriales para principiantes muestran ramas de características limpias, historial lineal y conflictos de fusión tratados como casos excepcionales. A escala de equipo, tres ingenieros ejecutando agentes en el mismo módulo simultáneamente generan conflictos de fusión como algo habitual, no como una excepción. Las estrategias estándar de ramas de Git se diseñaron para el ritmo de desarrollo humano. El desarrollo con agentes produce confirmaciones a un ritmo que genera contención en módulos compartidos sin una coordinación explícita de la asignación de tareas.

Supuesto cinco: el alcance de la tarea es evidente. Un desarrollador individual que describe una tarea a un agente tiene en mente todo el contexto del código fuente. Sabe qué módulos están dentro del alcance y qué módulos adyacentes no deben modificarse. Cincuenta ingenieros, cada uno tomando decisiones individuales sobre el alcance, producen un comportamiento inconsistente de los agentes en el mismo código fuente: algunos agentes modifican utilidades compartidas que deberían haber dejado intactas, mientras que otros se detienen antes de realizar cambios que la tarea requería lógicamente.

Los cinco supuestos restantes —que abarcan la duración de la sesión, la previsibilidad del costo de la API, la consistencia del estilo de salida, el aislamiento del entorno local y el comportamiento de recuperación de errores— requieren documentación antes de la implementación por parte del equipo, pero generan fallos generales en lugar de incidentes. Aborde los cinco primeros antes de que se abra el acceso a la Fase 2. Aborde el resto durante el primer sprint de la operación de la Fase 2.

12.2 Problemas de código base compartido: Colisión de contexto, instrucciones conflictivas y salida inconsistente

Cuando varios ingenieros ejecutan agentes simultáneamente sobre el mismo código fuente, se presentan tres modos de fallo. Cada uno tiene una firma de detección específica y una ruta de corrección específica. Tratarlos como un único "problema de coordinación" es el error que lleva a las organizaciones a abordar los síntomas en lugar de las causas.

La colisión de contexto ocurre cuando dos agentes leen el mismo módulo en un lapso de tiempo cercano y cada uno planifica cambios basándose en la versión que leyó, sin conocer los cambios planificados por el otro. Ninguno de los agentes se equivoca respecto al estado actual del archivo. Ambos planes son internamente coherentes. Cuando ambos ingenieros envían sus solicitudes de extracción (PR), el revisor se encuentra con dos implementaciones mutuamente excluyentes del mismo cambio, cada una de las cuales requiere evaluación en comparación con la otra. La firma de detección consiste en pares de solicitudes de extracción que modifican el mismo archivo en un breve lapso de tiempo (menos de dos horas) y que llegan a revisión simultáneamente. La solución consiste en el registro explícito de tareas: antes de que un ingeniero inicie una sesión de agente modificando un módulo específico, registra el módulo en un registro de tareas compartido. El registro no bloquea el trabajo concurrente en diferentes módulos; simplemente hace visible la contención de módulos compartidos antes de que llegue a revisión.

Aparecen instrucciones contradictorias cuando diferentes ingenieros han realizado modificaciones individuales en CLAUDE.md que producen un comportamiento distinto del agente en el mismo tipo de tarea. Un agente que opera bajo el CLAUDE.md de un ingeniero añade cadenas de documentación a cada función modificada. Un agente que opera bajo el CLAUDE.md de otro ingeniero no lo hace. La diferencia de la solicitud de extracción del primer ingeniero incluye adiciones de cadenas de documentación; la del segundo no. Los revisores que aplican un único estándar a solicitudes de extracción producidas bajo diferentes estándares toman decisiones inconsistentes. La firma de detección es la variación de estilo entre solicitudes de extracción en tareas comparables en el mismo sprint. La solución es un CLAUDE.md versionado y mantenido centralmente con un proceso documentado para proponer y revisar modificaciones, tratado como código, no como un archivo de configuración que los ingenieros ajustan individualmente para su conveniencia.

La inconsistencia en la calidad de los resultados en todo el equipo es el modo de fallo más perjudicial para la organización, ya que es el más difícil de atribuir. Algunos ingenieros producen resultados del agente que superan la revisión con mínimas correcciones. Otros producen resultados que requieren una revisión sustancial. La causa rara vez reside en la capacidad técnica de los ingenieros, sino en la calidad de la especificación de la tarea y la configuración de CLAUDE.md. Un ingeniero que redacte descripciones de tareas de tres frases con restricciones claras y un archivo CLAUDE.md bien configurado producirá resultados del agente de forma consistentemente mejor que un ingeniero que redacte indicaciones de dos palabras sin contexto. A nivel de equipo, esta variación se convierte en un problema de calibración del revisor y un problema de percepción de equidad. La solución consiste en una plantilla de especificación de tareas, documentada y distribuida, con tres campos obligatorios: qué debe producir el agente, qué no debe modificar y qué convenciones existentes se aplican al cambio.

12.3 Cómo interactúan los flujos de trabajo basados en agentes con Git, CI/CD y los procesos de revisión existentes

El desarrollo basado en agentes no reemplaza a Git, CI/CD ni la revisión de código. Simplemente añade volumen y modifica la naturaleza de lo que procesan estos sistemas. Cada punto de integración presenta un patrón de fricción específico y requiere una solución concreta.

Las estrategias de ramas de Git se diseñaron para la cadencia de confirmación humana: normalmente de dos a seis confirmaciones por rama de características antes de la revisión. Un ingeniero que ejecuta sesiones de agente paralelas en una sola característica puede generar de quince a veinte confirmaciones en múltiples árboles de trabajo antes de enviarlas para su revisión. Las estrategias estándar de ramas de características no lo prohíben, pero las herramientas de revisión de PR configuradas para volúmenes de confirmación típicos muestran diferencias que son más difíciles de revisar de manera eficiente. La solución es el aislamiento del árbol de trabajo por tarea de agente, no por característica. Cada sesión de agente se ejecuta en su propio árbol de trabajo con una rama con ámbito de tarea. Cuando la sesión finaliza, el ingeniero revisa la diferencia, realiza correcciones y luego abre la PR. El historial de confirmaciones se mantiene dentro de un rango que las herramientas de revisión manejan bien.

La configuración del pipeline de CI/CD requiere dos ajustes a escala de equipo. El primero es la paralelización: un pipeline diseñado para veinte PR por día con un tiempo de compilación de 10 minutos se configuró para un cierto nivel de compilaciones concurrentes. Un equipo que genere de 80 a 120 PR por día en el mismo pipeline entrará en cola. Los retrasos en la cola crean un bucle de retroalimentación donde los ingenieros abren sesiones adicionales mientras esperan los resultados de CI, lo que aumenta aún más la carga de compilaciones concurrentes. Dimensionar la infraestructura de CI para el volumen real de PR posterior a la adopción antes del despliegue de la Fase 3, no para la línea base previa a la adopción. El segundo ajuste es un indicador de sesión de Claude Code en los metadatos de PR: un campo obligatorio que indica si el PR se generó utilizando un agente de IA, parcialmente o en absoluto. Esto no es para asignar culpas. Permite la metodología de seguimiento de defectos del Capítulo 7, que requiere saber qué PR rastrear para el análisis de patrones de defectos específicos de IA.

Los procesos de revisión existentes presentan una incompatibilidad estructural con el volumen de salida de los agentes que no puede resolverse únicamente con la capacidad del revisor: el modelo mental de revisión. El código escrito por humanos y el código generado por agentes tienen distribuciones de errores diferentes. Los errores humanos se agrupan en torno a casos límite, lógica errónea y requisitos mal interpretados. Los errores de los agentes se agrupan en torno a convenciones implícitas no capturadas en CLAUDE.md, supuestos de lógica de negocio no codificados en la descripción de la tarea y degradación del contexto en sesiones largas que produce implementaciones plausibles pero incorrectas en los segmentos finales de un cambio de varios archivos. Los revisores que aplican un modelo mental de revisión de código humano a las solicitudes de extracción generadas por agentes detectan eficazmente los patrones de error humanos y pasan por alto sistemáticamente los patrones de error de los agentes. La solución es una breve lista de verificación de revisión escrita específica para la salida generada por agentes: tres preguntas que se centran en la distribución de errores de los agentes en lugar de la distribución de errores humanos.

12.4 Evaluación de la preparación a escala de equipo

Antes de que se abra el acceso a la Fase 2, la infraestructura de ingeniería que respalda el desarrollo de agentes a escala de equipo debe evaluarse según doce dimensiones específicas. Esta evaluación no se realiza de manera informal en una reunión de liderazgo, sino que se evalúa según criterios definidos, se puntúa y se corrigen las deficiencias detectadas. Una organización que amplía el acceso antes de completar esta evaluación descubre las deficiencias en producción, en lugar de en la planificación.

Doce dimensiones abarcan cuatro categorías: infraestructura de gestión de contexto, coordinación de flujos de trabajo, adaptación del proceso de revisión e integración de la gobernanza. Cada dimensión se puntúa en una escala de tres puntos —no preparada, parcialmente preparada o preparada— con medidas correctivas específicas para cada deficiencia.

> Califica la evaluación antes de fijar una fecha para la Fase 2. La fecha de inicio de la Fase 2 se determina según el nivel de preparación, no por la presión del calendario que originó la fecha. Cada dimensión marcada como "no preparada" representa un modo de fallo que la evaluación habría detectado de haberse realizado. Las organizaciones que la omiten descubren estos modos de fallo durante la implementación, con un coste en términos de velocidad de desarrollo que la evaluación habría evitado.

Evaluación de la preparación a escala de equipo

> Completar antes de la Fase 2 de acceso. El Director de Ingeniería da su aprobación. El CTO revisa antes de otorgar el acceso.

Categoría 1 — Infraestructura de gestión de contexto

Dimensión	No está listo	Parcialmente listo	Listo	Solución en caso de no estar listo
CLAUDE.md de la organización	No existe ningún archivo a nivel de equipo.	Existe un borrador, pero no ha sido revisado.	Versionado, revisado, distribuido	Crear, revisar con los líderes de ingeniería, agregar al repositorio
Proceso de actualización de CLAUDE.md	No hay ningún proceso documentado	Proceso informal únicamente	Proceso escrito con criterios de revisión	Documento: quién propone, quién revisa, cómo se implementan los cambios

Dimensión	No está listo	Parcialmente listo	Listo	Solución en caso de no estar listo
Guía de la ventana de contexto	No hay directrices sobre el alcance de la sesión.	Orientación informal únicamente	Plantilla escrita para la definición del alcance de las tareas distribuida	Crear plantilla de especificación de tarea de tres campos; agregar a la incorporación
Configuración de aislamiento de Worktree	No configurado	Configurado para algunos ingenieros	Configurado y documentado para todos	Documentar la configuración del árbol de trabajo ; agregar a la fase 2 de incorporación.

Categoría 2 — Coordinación del flujo de trabajo

Dimensión	No está listo	Parcialmente listo	Listo	Solución en caso de no estar listo
Registro de tareas del módulo compartido	No existe	Existe, pero no se usa de forma consistente.	En uso; comprobado antes del inicio de la sesión.	Crear un registro compartido en una herramienta de gestión de

Dimensión	No está listo	Parcialmente listo	Listo	Solución en caso de no estar listo
				proyectos existente.
Estrategia de ramificación para las tareas de los agentes	No definido	Solo convenciones informales	Escrito, distribuido y aplicado en plantilla de PR	Redactar la convención de nomenclatura de ramas de tareas; agregar a la plantilla de PR
Límites de sesiones simultáneas	Ninguna política	Orientación informal	Política redactada y comunicada	Definir el número máximo de sesiones simultáneas por ingeniero; comunicar

Categoría 3 — Adaptación del proceso de revisión

Dimensión	No está listo	Parcialmente listo	Listo	Solución en caso de no estar listo
Indicador de IA para relaciones públicas en	No está presente	Campo opcional	Campo obligatorio, registrado en las métricas.	Agregar campo obligatorio a

Dimensión	No está listo	Parcialmente listo	Listo	Solución en caso de no estar listo
plantilla de relaciones públicas				la plantilla de PR
Lista de verificación para la revisión de la salida del agente	No existe	Solo borrador	Distribuido; revisores capacitados	Cree una lista de verificación de tres preguntas dirigida a la distribución de errores del agente.
Capacidad de revisores para el volumen posterior al lanzamiento	No evaluado	Discutido informalmente	Evaluado; se planean ajustes.	Calcular el volumen proyectado de relaciones públicas; ajustar la asignación de revisores.

Categoría 4 — Integración de la gobernanza

Dimensión	No está listo	Parcialmente listo	Listo	Solución en caso de no estar listo
Política de gobernanza distribuida	No distribuido	Distribuido únicamente a los líderes.	Distribuido a todos los ingenieros en el alcance de la Fase 2.	Distribuir antes de que se conceda el acceso a la primera Fase 2.
Se ha probado la ruta de escalamiento.	No probado	El camino solo existe en el papel.	Probado con un escenario; respuesta confirmada	Ejecuta un escenario de mesa; confirma el tiempo de respuesta.

Umbral de puntuación para el acceso a la Fase 2:

Todas las dimensiones están listas o parcialmente listas: la fase 2 avanza según lo previsto.

Uno o dos No Listos: La Fase 2 procede con un plan de remediación por escrito; cada deficiencia se resuelve en un plazo de 10 días hábiles.

Tres o más elementos no están listos: la fase 2 se retrasa hasta que se resuelvan las deficiencias. Vuelva a ejecutar la evaluación antes de reprogramarla.

— CAPÍTULO 13 —

CUATRO CAPAS DE DESARROLLO DE IA GOBERNADA

La arquitectura que convierte una demostración impresionante en una plataforma que su organización puede ejecutar.

El agente llevaba funcionando desde las 23:00 del martes. Nadie había establecido un límite máximo de archivos ni configurado un límite de permisos en el entorno de pruebas. Para las 7:00 del miércoles, cuando el primer ingeniero abrió su terminal, el agente había modificado 340 archivos en catorce directorios, incluidos tres archivos de configuración que controlaban la conexión a la base de datos de pruebas y dos scripts en la canalización de despliegue que no habían formado parte de la descripción de la tarea en ningún momento.

La tarea consistía en: "Refactorizar el módulo de gestión de sesiones de usuario para que utilice el nuevo esquema de tokens".

El agente completó esa tarea. Luego, siguiendo el razonamiento implícito derivado del contexto de la sesión que se le había proporcionado —un contexto que incluía la estructura completa del repositorio, ya que nadie había restringido su acceso—, continuó. Los cambios que realizó más allá del alcance original no fueron aleatorios.

Estaban lógicamente conectados con el objetivo de la refactorización. Algunos fueron mejoras. Dos provocaron fallos en la implementación.

El problema no radicaba en el razonamiento del agente, sino en la ausencia de la arquitectura que permite que dicho razonamiento opere dentro de límites definidos. Esa arquitectura es el sistema de control.

13.1 Capa uno: Memoria: Cómo Claude Code retiene el contexto y cómo estructurarlo deliberadamente

La memoria del agente determina lo que sabe, lo que asume y la coherencia de su comportamiento entre sesiones. Sin una arquitectura de memoria bien definida, el contexto es implícito, inconsistente y frágil: los ingenieros reconstruyen el mismo contexto en cada sesión y los agentes toman decisiones diferentes sobre el mismo código fuente dependiendo de lo que estuviera cargado al inicio de la sesión.

La memoria de Claude Code opera en tres capas distintas, cada una con características de persistencia diferentes, tal como se documenta en la documentación de Claude Code de Anthropic (agosto de 2026). El contexto de sesión es efímero: existe dentro de una única sesión y no se conserva al finalizar la misma. La memoria del proyecto, implementada mediante archivos CLAUDE.md en la raíz del proyecto y en los niveles de directorio, persiste entre sesiones y se carga automáticamente al iniciar el agente. La memoria del usuario, almacenada en el archivo CLAUDE.md a nivel de usuario, se aplica a todos los proyectos de un ingeniero determinado.

El modo de fallo de la memoria no estructurada es la entropía de las instrucciones. Un ingeniero que construye un contexto de proyecto útil a lo largo de varias sesiones y no almacena nada de él crea un patrón en el que cada sesión parte de una base más débil que la anterior. El agente toma decisiones que contradicen las sesiones previas porque estas nunca se codificaron. Dos ingenieros que trabajan en el mismo proyecto llegan a decisiones contradictorias porque ninguno de los archivos CLAUDE.md refleja las decisiones arquitectónicas reales que ha tomado el equipo.

La arquitectura de memoria deliberada utiliza tres capas en secuencia. El archivo CLAUDE.md a nivel de organización captura las invariantes: convenciones arquitectónicas que se aplican a todo el código, patrones prohibidos, desencadenantes de escalada y restricciones de manejo de datos. El archivo CLAUDE.md a nivel de servicio captura el contexto específico del servicio: su propósito, sus dependencias, su deuda técnica conocida y las convenciones que difieren de las predeterminadas de la organización. El contexto a nivel de tarea, que se pasa en la solicitud de inicio de sesión en lugar de en CLAUDE.md, captura la tarea específica, los límites del alcance y las restricciones propias de esta sesión.

Configure la memoria de estructura antes de que un ingeniero ejecute su primera sesión de agente en un nuevo servicio. Lea la jerarquía CLAUDE.md existente, si la hay. Escriba el archivo a nivel de servicio si no existe. Los diez minutos dedicados a esto antes de la sesión marcan la diferencia entre un agente que opera con un contexto organizacional preciso y un agente que opera basándose en lo que puede inferir de los nombres de archivo y los patrones de código, lo cual suele ser útil, pero en ocasiones resulta completamente erróneo.

13.2 Capa dos: Permisos: Qué puede leer, escribir, tocar y ejecutar el agente.

Los límites de permisos constituyen la capa de seguridad más importante y, a la vez, la que con mayor frecuencia se configura incorrectamente. Esta configuración errónea se da en ambos sentidos: permisos demasiado restrictivos hacen que el agente sea prácticamente inútil para tareas de ingeniería reales; permisos demasiado amplios crean el escenario de entorno de prueba que dio inicio a este capítulo.

El modelo de permisos de Claude Code, vigente desde agosto de 2026, rige cuatro categorías de acceso del agente. El acceso de lectura al sistema de archivos determina qué archivos y directorios puede cargar el agente. El acceso de escritura al sistema de archivos determina dónde puede realizar cambios el agente. La ejecución de comandos Bash determina qué comandos de terminal puede ejecutar el agente. El acceso a la red externa determina si el agente puede contactar con servicios externos durante una sesión.

La configuración de cada categoría debe seguir el principio de acceso mínimo necesario, aplicado de forma específica en lugar de general. "El agente puede leer el repositorio" no es una configuración de permisos. "El agente puede leer archivos dentro de / src /services/user-session y / src /models/token" sí lo es. La diferencia entre estas dos afirmaciones radica en la diferencia entre un agente que accede a 340 archivos y un agente que accede a los doce archivos relevantes para la tarea.

El enfoque práctico para la configuración de permisos antes de una sesión consiste en escribir la descripción de la tarea y, a continuación, preguntar qué directorios necesita leer el agente para comprender el contexto relevante, qué archivos necesita escribir para completar el cambio y qué comandos necesita ejecutar para validar su resultado. Configure esos permisos específicamente. Si el alcance de la tarea se amplía durante la sesión, extienda los permisos deliberadamente en lugar de descubrir al final de la sesión que el agente interpretó los archivos "relacionados" de forma más amplia de lo previsto.

Los permisos de ejecución de comandos requieren especial atención. Un agente con ejecución de bash sin restricciones puede ejecutar comandos de instalación de paquetes, modificar variables de entorno, eliminar archivos y realizar solicitudes de red; todo ello puede estar dentro del ámbito técnico de una tarea legítima y fuera del ámbito previsto de la sesión específica. Un modelo de permisos que solo permita los comandos explícitamente necesarios para el tipo de tarea (git, npm test, python -m pytest para una sesión de desarrollo estándar) previene incidentes en los que las acciones de limpieza de un agente tengan efectos secundarios inesperados.

El modo de fallo por exceso de permisos es un incidente. El modo de fallo por falta de permisos es un agente que solicita permiso para cada acción y no produce ningún resultado útil. El punto de calibración es una sesión de observación intencionada: ejecute una tarea representativa con el registro habilitado, observe cada acceso a archivos y ejecución de comandos, y cree el conjunto de permisos a partir de lo que realmente ocurrió, en lugar de lo que usted imagina que podría ser necesario.

13.3 Tercera capa: Ganchos: Comprobaciones automatizadas que se ejecutan antes y después de las acciones del agente.

Los hooks son la capa de control que convierte la política organizacional en cumplimiento operativo. Un documento de política que indique que "los agentes no deben modificar los archivos de configuración de producción" es una aspiración hasta que un hook previo a la acción rechace cualquier operación de escritura dirigida a un archivo que coincida con .prod.config . antes de que se produzca la modificación. El hook no requiere que el ingeniero recuerde la política; la aplica independientemente de que la recuerde o no.

A partir de agosto de 2026, Claude Code admite la configuración de hooks en dos puntos del ciclo de vida de la acción. Los hooks previos a la acción se ejecutan antes de que el agente ejecute una acción: antes de escribir un archivo, antes de ejecutar un comando o antes de realizar una llamada a un servicio externo. Reciben la acción propuesta y pueden aprobarla, rechazarla con un mensaje o modificarla. Los hooks posteriores a la acción se ejecutan después de que la acción finaliza y antes de que el resultado se devuelva al agente. Pueden registrar la acción, activar alertas o marcar el resultado para su revisión manual.

Los ganchos de preacción eficaces se centran en las tres categorías de acciones que producen las consecuencias no deseadas más significativas: escrituras en archivos fuera del ámbito de la tarea declarada, ejecución de comandos que modifican el estado del entorno y lecturas de archivos que contienen categorías de datos prohibidas. Escriba una lógica de gancho específica en lugar de general. Un gancho que compruebe si la ruta del archivo se encuentra dentro de la lista de ámbitos declarados es específico y se ejecuta en milisegundos. Un gancho que realiza un análisis de seguridad completo en cada escritura de archivo añade entre 15 y 30 segundos de latencia por acción y genera soluciones alternativas de ingeniería en un plazo de dos semanas.

La latencia de los hooks es la principal razón por la que los ingenieros los desactivan o buscan maneras de operar sin ellos. Cuando un hook añade más de tres a cinco segundos al ciclo de acción, los ingenieros lo perciben como una fricción proporcional a la frecuencia de las acciones. Una sesión que ejecuta 40 acciones de agente por hora con un hook de cinco segundos en cada acción consume más de tres minutos solo en latencia de hook. Diseñe hooks para las acciones más importantes (tipos de acción de alto riesgo) y deje sin hook las acciones de bajo riesgo , en lugar de aplicar una sobrecarga uniforme a todos los tipos de acción.

Los ganchos posteriores a la acción cumplen una función de auditoría que los ganchos previos a la acción no pueden: registran lo que realmente sucedió, incluidas las acciones que se ejecutaron correctamente cuando deberían haber provocado un rechazo previo a la acción debido a una brecha de configuración. Registre cada salida del gancho posterior a la acción en un registro de auditoría persistente: ruta del archivo, tipo de acción, identificador de sesión, identificador del ingeniero y marca de tiempo. Este registro de auditoría es lo que su CISO solicita cuando un incidente requiere rastrear qué hizo el agente y cuándo.

13.4 Capa cuatro: Aislamiento: Sandboxing, Controles de ramificación y Separación de entornos

El aislamiento garantiza que las acciones de un agente en un contexto no puedan afectar involuntariamente a otro. Sin aislamiento, una sesión que se ejecuta en lo que el ingeniero considera un entorno de desarrollo puede acceder a archivos, configuraciones o servicios conectados a entornos de preproducción o producción. La conexión no tiene por qué ser directa. Un agente que modifica una biblioteca de utilidades compartida, utilizada tanto por desarrollo como por preproducción, en un entorno donde los códigos fuente de desarrollo y preproducción comparten un repositorio sin separación de árboles de trabajo , produce una contaminación entre entornos que ni el ingeniero ni las demás capas del sistema detectan necesariamente.

de árbol de trabajo es la implementación práctica del aislamiento a nivel de sesión en un código fuente gestionado por Git. Cada tarea de agente se ejecuta en su propio árbol de trabajo Git : un directorio de trabajo independiente vinculado al mismo repositorio, que opera en su propia rama y con su propio estado del sistema de archivos. Los cambios en un árbol de trabajo no afectan a otros árboles de trabajo ni al entorno de desarrollo principal hasta que el ingeniero los fusiona explícitamente. Claude Code admite árboles de trabajo Git , tal como se documenta en la documentación de Claude Code de Anthropic a partir de agosto de 2026. La sobrecarga de configuración por tarea es de aproximadamente dos minutos, menos tiempo del que tarda en resolverse un conflicto de fusión causado por un fallo de aislamiento.

La separación de entornos requiere una gestión explícita de variables. El modo de fallo específico se produce cuando una sesión de agente en un entorno de desarrollo utiliza credenciales o configuraciones de punto final que se resuelven en recursos de preproducción o producción, debido a que las variables de entorno se configuraron en el perfil de shell del ingeniero en lugar de en un entorno específico de la tarea. Configure las sesiones de agente para que carguen las credenciales desde un archivo de entorno específico de la tarea, en lugar de heredar el entorno de shell completo del ingeniero. Este cambio de configuración de dos líneas en el inicio de la sesión elimina toda una clase de incidentes de contaminación entre entornos.

La deriva del aislamiento es la erosión gradual de la configuración de aislamiento con el tiempo. Un ingeniero que encuentra inconveniente la configuración del árbol de trabajo para una tarea pequeña la omite una vez. Esta omisión se convierte en un patrón. Otros ingenieros observan el patrón y lo adoptan. En cuatro a seis semanas, el aislamiento del árbol de trabajo ha pasado de ser una práctica organizacional a una convención opcional sin que se haya tomado ninguna decisión explícita. La solución consiste en una lista de verificación de inicio de sesión, aplicada por el proceso de registro de tareas del Capítulo 12; el mismo registro que evita la colisión de contexto también requiere la confirmación del árbol de trabajo antes de que comience una sesión.

13.5 Fallos comunes en los arneses y sus síntomas

En organizaciones que llevan más de 60 días utilizando un sistema de gestión de riesgos, se observan de forma constante ocho modos de fallo. Cada uno presenta un síntoma específico que aparece antes de que el fallo se convierta en un incidente, y una solución específica que aborda la causa en lugar del síntoma.

La expansión gradual de permisos consiste en la ampliación progresiva de los permisos de los agentes más allá de la configuración original. Los ingenieros añaden permisos para tareas específicas y no los eliminan al finalizar la tarea. El síntoma es una configuración de permisos que ya no se corresponde con ninguna tarea específica: permisos añadidos para una migración puntual que permanecen activos tres meses después. La solución consiste en un modelo de permisos por tarea, donde los permisos se restablecen a la configuración inicial tras cada sesión, requiriendo una autorización explícita para el acceso con privilegios elevados.

La filtración de contexto se produce cuando el contexto de una sesión influye en otra no relacionada a través de capas de memoria compartida. El síntoma es que el agente toma decisiones que parecen estar influenciadas por sesiones anteriores con las que la tarea actual no guarda relación. La solución consiste en aislar el contexto de la sesión, asegurando que el contexto de la tarea se transmita en la solicitud de inicio de la sesión, y no se almacene en capas de memoria persistente compartidas entre sesiones.

La acumulación de latencia en los hooks consiste en la adición gradual de hooks hasta que la latencia total hace que las sesiones productivas sean inviables. El síntoma es que los ingenieros acortan las sesiones o dividen las tareas para reducir el número de acciones que activan hooks por sesión. La solución consiste en una auditoría trimestral de hooks: cada hook se evalúa en función de la frecuencia de activación, su contribución a la latencia y los incidentes reales prevenidos. Los hooks con alta latencia y baja tasa de prevención de incidentes se eliminan o se reemplazan por registros posteriores a la acción.

La desviación del aislamiento se describe en la Sección 13.4. El síntoma es una disminución del uso del árbol de trabajo en los registros de sesión durante un período de cuatro a seis semanas. La solución consiste en la aplicación del registro de tareas.

La corrupción de memoria se produce cuando las entradas conflictivas en CLAUDE.md generan un comportamiento contradictorio del agente. El síntoma es una salida inconsistente en tareas idénticas entre sesiones. La solución consiste en un paso de validación de CLAUDE.md: comprobar si existen contradicciones internas antes de confirmar el archivo.

El conflicto de instrucciones surge cuando los archivos CLAUDE.md de la organización y del usuario contienen instrucciones contradictorias. El síntoma es un comportamiento impredecible en las tareas donde el conflicto está activo. La solución consiste en establecer reglas de precedencia explícitas en el archivo CLAUDE.md de la organización: "El archivo CLAUDE.md del usuario puede anular las siguientes secciones; no puede anular las siguientes".

La deficiencia en la auditoría se refiere a la ausencia de registro posterior a la acción para aquellas acciones que deberían ser rastreables. El síntoma es una investigación de incidentes en la que la sesión del agente no puede reconstruirse a partir de los registros disponibles. La solución consiste en un registro posterior a la acción completo con un período de retención especificado en la política de gobernanza.

Un fallo en la recuperación se produce cuando no existe un procedimiento de recuperación documentado y probado que permita revertir los cambios de una sesión. El síntoma es que el ingeniero no sabe cómo deshacer correctamente los cambios realizados por un agente en varios archivos. La solución consiste en un procedimiento de recuperación de sesión: cómo identificar todos los archivos modificados durante la sesión, cómo revertirlos y cómo verificar que la reversión se haya completado.

Diagnóstico de fallas del arnés

Revisión trimestral. El responsable de ingeniería la completa. Cualquier hallazgo relevante debe ser comunicado al director de ingeniería en un plazo de 48 horas.

Modo de fallo	Síntoma temprano	Método de detección	Remediación
Aumento progresivo de los permisos	La configuración de permisos contiene entradas que no están asignadas a tipos de tareas activas.	Auditoría mensual de permisos: asignar cada permiso a la tarea de origen.	Restablecer a la configuración inicial después de cada sesión; se requiere una nueva autorización para el acceso con privilegios elevados.
Sangrado de contexto	El agente hace referencia al trabajo de	Revisión del registro de sesión: comprobar si	Aislar el contexto de la tarea a la solicitud de inicio

Modo de fallo	Síntoma temprano	Método de detección	Remediación
	sesiones anteriores en sesiones no relacionadas.	existen referencias a memoria entre sesiones.	de sesión; borrar la memoria persistente entre tipos de tareas no relacionadas.
Latencia del gancho	Los ingenieros que dividen tareas o sesiones de informes se sienten lentos.	Medir la latencia del gancho por tipo de acción; comparar con el umbral de tres segundos.	Auditoría trimestral de hooks; eliminar los hooks con alta latencia y baja tasa de prevención de incidentes.
deriva de aislamiento	de Worktree está disminuyendo en los registros de sesión.	Verificación semanal del registro de sesiones: tasa de confirmación del árbol de trabajo	Aplicar el requisito de árbol de trabajo en el registro de tareas; hacer que la omisión sea explícita, no predeterminada.
Corrupción de memoria	Resultados inconsistentes en tipos de tareas idénticas	Compara los resultados entre sesiones del mismo tipo de tarea; consulta CLAUDE.md para detectar contradicciones.	Paso de validación de CLAUDE.md previo a la confirmación; revisión de detección de contradicciones

Modo de fallo	Síntoma temprano	Método de detección	Remediación
Conflicto de instrucciones	Comportamiento impredecible en tipos de tareas específicos	Ejecutar la misma tarea solo con la organización CLAUDE.md, luego con el usuario CLAUDE.md; comparar	Reglas de precedencia explícitas en org CLAUDE.md: secciones anulables frente a secciones no anulables
brecha de auditoría	La investigación del incidente no puede reconstruir la sesión del agente.	Intentar reconstruir las últimas 5 sesiones a partir de los registros.	Habilitar el registro completo posterior a la acción; verificar que el período de retención coincida con la política de gobernanza.
Fallo en la recuperación	El ingeniero no sabe cómo revertir el cambio del agente de múltiples archivos.	Procedimiento de recuperación de prueba en una sesión reciente no crítica	Documentar y probar el procedimiento de recuperación de la sesión; incluir en la fase 2 de incorporación.

Opciones de la columna Estado: No presente / Primeros indicios / Activo. Cualquier hallazgo activo requiere un plan de remediación inmediato con un responsable designado y una fecha de resolución.

— CAPÍTULO 14 —

CLAUDE.md — DISEÑO DEL SISTEMA DE SU EQUIPO

El archivo que toda su organización de ingeniería utilizará a diario y que casi nadie diseña deliberadamente

---

El análisis post mortem abarcó siete incidentes del sprint anterior. Cinco de ellos presentaban un patrón: el agente había modificado funciones de utilidad compartidas que los ingenieros individuales consideraban fuera del alcance de la tarea, pero el agente tenía motivos razonables para considerarlas incluidas en dicho alcance, basándose en la descripción de la tarea y el contexto disponible. El director de ingeniería extrajo todos los archivos CLAUDE.md de las sesiones involucradas.

Tres ingenieros no tenían el archivo CLAUDE.md a nivel de proyecto. Dos habían copiado el mismo ejemplo genérico de la documentación de Anthropic, palabra por palabra, sin modificaciones. Los dos que sí tenían sus propios archivos los habían escrito seis semanas antes y no los habían tocado desde entonces, lo que significa que eran anteriores a un cambio arquitectónico significativo que habría indicado al agente exactamente qué utilidades eran compartidas y, por lo tanto, estaban fuera del alcance de los cambios en el ámbito de la tarea.

Siete incidentes. Los cinco que involucraron una contribución de CLAUDE.md tuvieron la misma causa raíz: el archivo existía como una casilla de verificación, no como una especificación de comportamiento. Los agentes no presentaban fallas. Estaban operando con la información que se les había proporcionado, la cual, en todos los casos, era sustancialmente incompleta.

14.1 Qué controla realmente CLAUDE.md y qué cree la gente que controla

CLAUDE.md no es una solicitud. No es una guía de estilo. No es un archivo README que el agente lea para obtener una orientación general. Lo que controla es el contexto operativo permanente del agente: la capa persistente de conocimiento organizacional que moldea cómo el agente interpreta cada tarea, toma cada decisión de alcance y resuelve cada ambigüedad que encuentra durante una sesión.

La distinción es importante porque determina el contenido del archivo. Un mensaje describe una tarea. Una guía de estilo describe las preferencias. CLAUDE.md describe el entorno en el que opera el agente: la arquitectura del código fuente, las convenciones que lo rigen, los límites que no se pueden cruzar sin autorización explícita y el comportamiento esperado cuando el agente se encuentra con algo incierto.

Claude Code lee los archivos CLAUDE.md al inicio de la sesión, tal como se documenta en la documentación de Claude Code de Anthropic (actualizada en agosto de 2026). El archivo se carga en el contexto del agente antes de cualquier instrucción de tarea. Esto significa que cada decisión que el agente toma durante la sesión se filtra a través del contexto que proporciona CLAUDE.md. Un archivo que contiene tres frases de orientación genérica filtra cada decisión a través de tres frases. Un archivo que especifica qué servicios comparten una capa de utilidad, qué patrones de archivo nunca se modifican durante las tareas de refactorización y qué hacer cuando una tarea requiere interactuar con un flujo de autenticación filtra cada decisión a través de ese conocimiento específico.

La mayoría de los equipos subutilizan CLAUDE.md considerablemente porque lo tratan como un archivo de configuración en lugar de como un repositorio de conocimiento organizacional. Un indicador concreto de su subutilización es un archivo CLAUDE.md que podría integrarse en cualquier base de código de la empresa sin modificar sustancialmente el comportamiento del agente. Si el archivo no contiene información específica del servicio, ni convenciones específicas de la base de código, ni límites de riesgo específicos de la organización, no cumple con la función que el agente necesita.

El problema de un CLAUDE.md simple no radica en que el agente produzca resultados incorrectos, sino en que genera resultados que requieren más correcciones que una sesión bien definida. Un agente que opera sin contexto arquitectónico asume de forma conservadora las relaciones entre módulos. Estas suposiciones suelen ser erróneas, aunque individualmente pequeñas, pero acumulativamente significativas a lo largo de un sprint.

La acción: lee tu archivo CLAUDE.md actual como si fueras el agente que interactúa con tu código fuente por primera vez. Pregúntate qué información sobre el código fuente desconocerías solo con este archivo y que necesitarías para trabajar en él de forma segura. La respuesta a esa pregunta es el archivo CLAUDE.md que deberías tener.

14.2 Cómo redactar un archivo CLAUDE.md que refleje a su equipo, no las mejores prácticas genéricas.

Un archivo CLAUDE.md que modifica el comportamiento del agente de forma sustancial y específica del código fuente consta de cinco secciones. Cada sección responde a una categoría de preguntas que el agente encontrará durante una tarea. Si falta alguna de ellas, el agente deberá resolverla de forma independiente, utilizando sus datos de entrenamiento y razonamiento general en lugar de las respuestas específicas de su organización.

Sección uno: contexto arquitectónico. De dos a cuatro párrafos que describen la estructura del código fuente que el agente no puede inferir solo a partir de los nombres de los directorios. Qué servicios comparten qué bibliotecas. Qué módulos tienen contratos entre servicios que no se pueden romper unilateralmente. Qué áreas del código fuente se están refactorizando activamente y, por lo tanto, no deberían recibir cambios adicionales de las tareas del agente hasta que finalice la refactorización. Un agente sin este contexto hace inferencias razonables pero erróneas sobre el acoplamiento. Una inferencia errónea en una sesión que afecta a una utilidad compartida cuesta una hora de corrección de revisión. Con cincuenta ingenieros en un sprint, cuesta cincuenta horas.

Sección dos: convenciones de ingeniería. No se trata de convenciones genéricas, sino de las específicas de su código fuente que difieren de las que el agente generaría por defecto. Si su manejo de errores sigue un patrón que no es estándar en el marco de trabajo que utiliza, especifíquelo. Si su convención de nomenclatura de pruebas difiere de la predeterminada del marco de trabajo, especifíquela. Si existe un patrón específico de acceso a la base de datos que su equipo decidió hace dieciocho meses y que el agente no inferirá del código existente porque el código fuente no es consistente al respecto, especifique explícitamente el patrón deseado. El agente aplica lo que usted especifica. Realiza inferencias sobre lo que usted omite.

Sección tres: límites de riesgo. La lista explícita de patrones de archivos, módulos y áreas de servicio donde las modificaciones del agente requieren autorización humana antes de que la sesión continúe. Describa estos patrones específicos: «No modifique archivos que coincidan con /auth/ sin una instrucción explícita en la descripción de la tarea». La especificidad es lo que genera el cambio de comportamiento. «Tenga cuidado con el código de autenticación» es una preferencia. La exclusión de un patrón de archivo es una restricción.

Sección cuatro: integración del flujo de trabajo. Cómo se integra la salida del agente en el flujo de trabajo de su equipo. Comandos de prueba necesarios tras las modificaciones. Formato de solicitud de extracción (PR) que espera su proceso de revisión. Convención de mensajes de confirmación que analiza su canalización de CI/CD. Sin esta sección, el agente genera una salida técnicamente correcta pero incompatible con el proceso: una salida que supera todas las comprobaciones automatizadas pero no cumple con los requisitos de formato de su proceso de revisión.

Sección cinco: Comportamiento de escalamiento. Qué debe hacer el agente cuando encuentra algo fuera del alcance de su tarea que parece requerir atención. No se trata de "marcarlo", sino de si debe detenerse y consultar con el ingeniero, agregar un comentario al archivo correspondiente y continuar, o continuar sin marcarlo. El comportamiento predeterminado, en ausencia de esta especificación, depende del agente y es inconsistente. Un comportamiento especificado es predecible y revisable.

14.3 Control de versiones y mantenimiento de CLAUDE.md a medida que evoluciona su código base y su equipo.

El archivo CLAUDE.md comienza a deteriorarse desde el momento en que se escribe. El código fuente cambia. Se toman decisiones arquitectónicas. Las convenciones se modifican. Los ingenieros que formaban parte del equipo cuando se escribió el archivo se marchan, llevándose consigo un contexto institucional que nunca se incluyó en el documento. Al sexto mes, un archivo CLAUDE.md escrito durante el lanzamiento refleja la organización tal como era en ese momento, no como es ahora, y cada sesión que se ejecuta con él utiliza un contexto obsoleto.

El deterioro no es un problema exclusivo de CLAUDE.md. Es el destino habitual de cualquier documentación sin un proceso de mantenimiento. La diferencia radica en que la documentación obsoleta genera confusión entre los ingenieros. Un archivo CLAUDE.md obsoleto provoca un comportamiento incorrecto del agente a gran escala, en todas las sesiones ejecutadas por cada ingeniero que utilice dicho archivo.

Tres prácticas operativas previenen el deterioro sin generar una carga de mantenimiento excesiva.

Propiedad designada. El archivo CLAUDE.md de la organización tiene un propietario designado: un ingeniero o líder de ingeniería específico, no el equipo en su conjunto. La propiedad colectiva no genera actualizaciones cuando el código base cambia y todos asumen que otra persona se encarga de ello. La propiedad designada sí genera actualizaciones porque hay una persona específica cuyo trabajo incluye garantizar que el archivo refleje la realidad actual. Rote al propietario con la misma frecuencia que el rol de campeón de la Fase 1 del Capítulo 6 (de ocho a doce semanas) para distribuir la responsabilidad de la codificación del conocimiento y evitar la dependencia de una sola persona.

Revisión activada por cambios. Cada decisión arquitectónica que afecta el acoplamiento de módulos, las utilidades compartidas o los límites de los servicios activa una actualización de CLAUDE.md como parte del proceso de documentación de la decisión. No como una tarea independiente programada para más adelante, sino como parte de la misma solicitud de extracción que implementa el cambio arquitectónico. Cuando la gestión de sesiones del servicio de autenticación se extrae a una biblioteca compartida, la entrada de CLAUDE.md que refleja el aislamiento del módulo de autenticación cambia en la misma confirmación. El contexto en el archivo permanece sincronizado con el contexto en el código fuente.

Revisión trimestral de precisión. Una vez al trimestre, el responsable de CLAUDE.md revisa el archivo comparándolo con el código fuente actual y marca las secciones que ya no reflejan las prácticas actuales. Esta revisión dura entre treinta y sesenta minutos para un archivo bien mantenido. Para un archivo que no se ha modificado en seis meses, la revisión dura tres horas. La revisión de treinta minutos se realiza trimestralmente. La revisión de tres horas se realiza cuando un incidente pone de manifiesto la deficiencia, en condiciones mucho menos favorables que una revisión programada.

Controla las versiones de CLAUDE.md en el mismo repositorio que el código que describe. Aplica el mismo proceso de revisión a los cambios realizados en este archivo que a los cambios de código: solicitud de extracción, revisión y fusión. Un cambio en la sección de límites de riesgo tiene el mismo potencial de daño que un cambio en el código en sí si elimina una protección que prevenía una clase de errores del agente.

14.4 Tres plantillas CLAUDE.md: Empresas emergentes, medianas y reguladas de la UE.

> Tres contextos organizativos requieren configuraciones de CLAUDE.md sustancialmente diferentes. Estas diferencias no son estilísticas, sino que reflejan una complejidad arquitectónica, una tolerancia al riesgo y una exposición regulatoria distintas. Cada plantilla que se muestra a continuación incluye una explicación de la justificación de cada sección.

Tres plantillas CLAUDE.md

> Adapta cada sección a tu código fuente específico antes de usarla. Las anotaciones en cursiva explican el motivo de cada decisión.

PLANTILLA A — Empresa emergente en fase inicial (menos de 15 ingenieros, servicio único o microservicios iniciales)

> ```
>
> # Contexto del proyecto
>
> [Nombre del servicio] es un [breve descripción]. Idioma principal: [idioma].
>
> Repositorio único. [Estado: monolito / microservicios iniciales].
>
> # Por qué: Los agentes necesitan un propósito y una estructura de servicio para definir correctamente el alcance de las tareas.
>
> # Convenciones que difieren de las predeterminadas del framework

- Manejo de errores: [patrón específico utilizado]
- Nomenclatura de las pruebas: [convención específica]

- Acceso a la base de datos: [ORM / consultas sin procesar / patrón específico]

> # Motivo: Los agentes utilizan por defecto las convenciones del marco de trabajo. Las excepciones deben especificarse.
>
> # No modificar sin instrucciones explícitas

- / src /auth/* (flujos de autenticación)
- / config/production.* (configuración de producción)
- Archivos de migración de la base de datos

> # Por qué: Los archivos de gran radio de explosión requieren autorización por nombre, no inferencia.
>
> # Después de realizar cambios
>
> Ejecutar: [comando de prueba]. Si las pruebas fallan, deténgase e informe; no intente solucionarlas.
>
> más allá del fracaso inmediato.
>
> # Por qué: Define el comportamiento del agente en caso de fallo de la prueba, en lugar de dejarlo a la inferencia.
>
> # Cuando no se tiene certeza sobre el alcance
>
> Detente y pregunta. No procedas basándote en una suposición razonable sobre el alcance.
>
> # Por qué: Es preferible actuar con precaución en bases de código en etapas tempranas con cobertura de pruebas limitada.
>
> ```

PLANTILLA B — Organización de ingeniería de tamaño mediano (de 15 a 75 ingenieros, con microservicios establecidos)

> ```

Resumen de arquitectura

[Número] servicios. Bibliotecas compartidas en /libs. Contratos de servicio definidos en

/contratos. No modifique /libs ni /contratos sin autorización explícita de la tarea.

Motivo: La modificación de una biblioteca compartida tiene un impacto en varios servicios que no es visible en una sola sesión.

Contexto específico del servicio (añadir por nivel de servicio CLAUDE.md)

Servicio actual: [nombre]. Dependencias: [lista]. Deuda técnica conocida: [áreas].

Por qué: Cada archivo de nivel de servicio captura lo que el archivo org no puede: la deuda específica del servicio.

Límites de riesgo

- / libs/ : requiere autorización del líder de ingeniería en la descripción de la tarea.
- / contratos/ : requiere autorización del responsable de ingeniería en la descripción de la tarea.
- / */auth*: requiere la revisión de un ingeniero senior antes de la fusión (indicar en la solicitud de extracción)
- / config/: solo lectura a menos que la tarea indique explícitamente un cambio de configuración.

Por qué: Los patrones específicos generan restricciones específicas. Las advertencias genéricas no.

Convenciones

[Enumere solo aquellos que difieren de la configuración predeterminada del framework; una línea para cada uno]

```
# Flujo de trabajo

Formato de confirmación: [convención]. Comando de prueba: [comando].

Descripción de la solicitud de extracción: incluir descripción de la tarea, archivos modificados, archivos que no se modificaron explícitamente.

# Por qué: El requisito de descripción de la solicitud de extracción detecta la desviación del alcance antes de que comience la revisión.

# Escalada

Si una tarea requiere modificar un archivo de límites de riesgo: deténgase, agregue un comentario en el

sesión tomando nota del requisito e informarlo en la descripción de la PR. No continuar.
```

PLANTILLA C — Industria regulada de la UE (servicios financieros, atención médica, cualquier dato del artículo 9 del RGPD)

```
# Contexto de cumplimiento

Este código fuente procesa [categoría de datos] de conformidad con el artículo [artículo relevante] del RGPD.

El tratamiento de datos personales se rige por la política de tratamiento de datos disponible en [enlace interno].

# Por qué: El agente debe conocer el contexto normativo para identificar posibles áreas de incumplimiento.

# Prohibiciones absolutas (sin excepciones, sin anulaciones de tareas)
```

- No lea, cargue ni procese archivos que coincidan con */fixtures/prod-
- No modifique la lógica de retención de datos sin la autorización del equipo de cumplimiento.
- No agregue llamadas a API externas sin la documentación de revisión de seguridad en la solicitud de extracción (PR).
- No modifique los flujos de gestión de consentimiento (/ src /consent/)

> # Por qué: Las prohibiciones absolutas requieren una declaración explícita; los límites implícitos son insuficientes.
>
> # Límites de riesgo (requieren autorización específica en la descripción de la tarea)

- / src /payment/ : requiere ingeniero sénior + revisión de seguridad
- / src /auth/ : requiere revisión de un ingeniero sénior
- / config/: solo lectura; no se permite ninguna modificación sin instrucciones explícitas.

> # Requisitos de auditoría
>
> Cada sesión que modifique archivos en directorios de límites de riesgo debe incluir en PR:

1. Lista de todos los archivos modificados
2. Lista de todos los archivos leídos pero no modificados
3. Confirmación de que no se cargaron datos personales en el contexto de la sesión.

> # Motivo: Requisito de registro de auditoría derivado del principio de responsabilidad del artículo 5(2) del RGPD.
>
> # Convenciones
>
> [Sección estándar: enumera solo las desviaciones de la configuración predeterminada del framework específicas del código fuente]
>
> # Escalada

Si la sesión encuentra datos personales en los archivos de origen: deténgase inmediatamente. No

procesar o incluir en contexto. Informar la ruta del archivo en el registro de sesión y al responsable de ingeniería.

Motivo: La instrucción explícita de parada evita el procesamiento accidental de datos personales.

```
```

— CAPÍTULO 15 —

GESTIÓN DE CONTEXTO A ESCALA

El problema operativo que causa más fallos de agentes que cualquier otro

---

La sesión llevaba dos horas y cuarenta minutos en marcha. El ingeniero que revisaba los resultados notó algo en la modificación del trigésimo octavo archivo: el agente había vuelto a una convención de nomenclatura que el archivo CLAUDE.md prohibía explícitamente, una convención que el código fuente había utilizado antes de una migración realizada dieciocho meses atrás. El agente había funcionado correctamente hasta los primeros veintitrés archivos. En algún punto entre los archivos veintitrés y treinta y ocho, su modelo de funcionamiento del código fuente había cambiado.

El ingeniero comparó la duración de la sesión con la utilización de la ventana de contexto. La sesión había consumido más del 80 % de la ventana de contexto disponible. El archivo CLAUDE.md, cargado al inicio de la sesión, había sido desplazado progresivamente por el contenido acumulado de la propia sesión: lecturas de archivos, salidas de edición, resultados de pruebas, registros de llamadas a herramientas. Las instrucciones de CLAUDE.md no habían desaparecido; simplemente representaban una proporción menor del contexto activo. El agente seguía siguiéndolas, pero con menos precisión que al inicio.

Quince archivos requerían corrección. El ingeniero no podía determinar fácilmente dónde se había originado la desviación sin revisar cada diferencia individualmente.

Esto es degradación del contexto. No se anuncia. Se acumula.

15.1 Cómo se degrada el contexto a lo largo de sesiones de interacción prolongadas y cómo se ve antes de que se haga evidente.

La degradación del contexto es el declive progresivo de la calidad de la salida a medida que una sesión consume una proporción cada vez mayor de la ventana de contexto disponible. No produce errores, sino desviaciones: salidas que, si bien son técnicamente válidas, se ajustan cada vez menos a los estándares organizativos y las restricciones de la tarea especificadas al inicio de la sesión.

Las sesiones de Claude Code que utilizan Sonnet 5 u Opus 5 operan dentro de una ventana de contexto que acumula contenido a lo largo de toda la sesión, tal como se documenta en las especificaciones del modelo de Anthropic a agosto de 2026. Cada archivo que lee el agente, cada edición que produce, cada resultado de llamada a herramienta que recibe y cada intercambio en la conversación de la sesión ocupa espacio en esa ventana. El archivo CLAUDE.md, la descripción de la tarea y las restricciones iniciales (cargadas una sola vez al inicio de la sesión) permanecen en la ventana durante toda la sesión, pero su porcentaje del contexto total disminuye a medida que aumenta su duración. El agente continúa consultándolos, pero su peso relativo en la atención del modelo disminuye a medida que se acumula contenido que compite con ellos.

Cuatro señales de calidad indican degradación antes de que se haga visible en la revisión de la salida. La primera es una desviación creciente de las instrucciones: el agente comienza a tomar decisiones que contradicen entradas específicas de CLAUDE.md que siguió correctamente al principio de la sesión. Una convención de nomenclatura de archivos especificada y seguida en los primeros quince archivos aparece de forma inconsistente entre los archivos veinte y treinta. El agente no ha olvidado la instrucción; su fidelidad a ella ha disminuido a medida que la proporción de la instrucción en el contexto total se ha reducido.

La segunda señal es la disminución de la especificidad de la salida. Las modificaciones al inicio de la sesión son precisas y específicas del código fuente. Las modificaciones posteriores son más genéricas: correctas para el tipo de tarea, pero menos adaptadas al contexto arquitectónico específico. El agente recurre en mayor medida a los datos de entrenamiento y en menor medida al contexto del código fuente cargado.

La tercera señal es el aumento de la frecuencia de autocorrección. Una sesión degradada produce más ciclos de revisión internos (el agente escribe algo, lo evalúa, lo modifica) sin converger en un resultado final con la misma eficiencia que al principio de la sesión. En los registros de sesión de Claude Code, esto se manifiesta como secuencias repetidas de llamadas a herramientas en el mismo archivo sin progreso intermedio.

La cuarta señal es un aumento en la tasa de alucinaciones relacionadas con detalles específicos del código fuente. El agente comienza a hacer referencia a firmas de funciones o estructuras de módulos que existían en los archivos que leyó al principio de la sesión, pero no en los que leyó recientemente, debido a que las lecturas recientes han desplazado el contenido anterior en el contexto activo.

Método práctico de detección: en los puntos de control de la sesión (cada 20 o 30 minutos en sesiones largas), se comparan las últimas tres modificaciones de archivos con las restricciones de CLAUDE.md. Una desviación visible a los 20 minutos requiere una corrección. Una desviación visible a las dos horas requiere quince.

15.2 Estructuración de grandes bases de código para que Claude Code pueda trabajar eficazmente en ellas

Los grandes conjuntos de código generan problemas de contexto no por su tamaño, sino por su opacidad en la navegación. Un agente que lee un monolito de 400 000 líneas, donde la finalidad de los módulos no es legible por máquina, donde las dependencias son implícitas en las cadenas de importación en lugar de estar documentadas en archivos de manifiesto, y donde las convenciones de nomenclatura son inconsistentes entre módulos escritos por diferentes equipos en diferentes períodos, debe invertir recursos de contexto en la orientación, algo que un conjunto de código bien estructurado no requeriría.

La característica arquitectónica que mejor predice el buen desempeño de un agente es la claridad de navegación: el grado en que un agente puede determinar el propósito, las dependencias y las convenciones de un módulo sin leer su implementación completa. Tres mejoras estructurales brindan claridad de navegación sin necesidad de reestructurar completamente el código fuente.

Archivos de documentación a nivel de módulo. Un archivo module.md en la raíz de cada directorio de servicio o módulo principal: de dos a cuatro párrafos que describen el propósito del módulo, sus dependencias principales, sus áreas de deuda técnica conocidas y las convenciones que difieren de las predeterminadas de la organización. El agente lee este archivo antes de leer cualquier archivo de implementación en el directorio. La inversión por módulo es de treinta a sesenta minutos de tiempo de ingeniería. El beneficio es que cada sesión futura del agente que trabaje en ese módulo comenzará con un contexto estructural preciso en lugar de inferirlo a partir de patrones de código.

La estandarización de los alias de importación en todo el código fuente, aplicada mediante una regla de análisis estático, elimina esta sobrecarga. El agente debe mantener un mapeo de alias entre archivos para comprender las relaciones entre módulos. La estandarización de los alias de importación en todo el código fuente, aplicada mediante una regla de análisis estático, reduce este costo. La implementación de la regla de análisis estático requiere un sprint y se aplica al código nuevo en adelante. La normalización retroactiva de alias tiene menor prioridad, ya que la regla de análisis estático detecta el problema desde la fecha de implementación.

Manifiestos de dependencia explícitos. Un archivo legible por máquina a nivel de servicio que enumera las dependencias de otros servicios internos, bibliotecas compartidas y API externas. No se trata del archivo package.json , sino de una declaración de dependencia específica del servicio que asigna cada dependencia a su función en dicho servicio. El agente lee este archivo antes de cualquier tarea que implique la interacción entre servicios y puede determinar el impacto entre ellos sin necesidad de leer el gráfico completo de dependencias de las cadenas de importación.

Ninguna de estas modificaciones requiere la reestructuración de los módulos existentes. Añaden una capa de información que facilita la comprensión de la estructura existente para un agente que trabaja dentro de las restricciones del contexto. Implemente estas modificaciones en los servicios donde las tareas del agente se ejecutan con mayor frecuencia antes de extenderlas a todo el código fuente.

15.3 Estrategias de carga de contexto: qué incluir, qué excluir y cómo tomar esas decisiones mediante programación.

Cada decisión de carga de contexto implica una compensación: incluir un archivo proporciona más información, pero consume más espacio de contexto. El error radica en considerar la inclusión como una opción predeterminada: cargar todo lo que pueda ser relevante y confiar en que el modelo priorice adecuadamente. Al inicio de la sesión, antes de que el agente haya generado ningún resultado, una ventana de contexto sobrecargada deja menos espacio para el contenido acumulado de la propia sesión. La sobrecarga al inicio de la sesión acelera la degradación descrita en la Sección 15.1.

Los perfiles de contexto por tipo de tarea son la solución práctica. Para cada tipo de tarea recurrente en su flujo de trabajo de ingeniería (refactorización, ampliación de pruebas, documentación, actualización de dependencias, investigación de errores), defina una plantilla de carga de contexto que especifique qué categorías de archivos se incluyen, cuáles se excluyen y qué orden de carga se utiliza. La plantilla no es una lista de archivos específicos; es una especificación basada en categorías que el proceso de inicio de sesión ejecuta sobre el estado actual del código base.

Para una tarea de refactorización, el perfil de contexto incluye: la jerarquía CLAUDE.md desde el nivel de organización hasta el de servicio, la documentación a nivel de módulo para el módulo objetivo y sus dependencias directas, los archivos específicos que se modificarán y los archivos de prueba que cubren el módulo objetivo.

Excluye: archivos de servicio no relacionados, mensajes de confirmación históricos, documentación de módulos fuera del alcance de la tarea y cualquier archivo que coincida con patrones en la lista de límites de riesgo que la tarea no está autorizada a modificar.

Para una tarea de investigación de errores, el perfil difiere: agrega entradas recientes del registro de Git para el módulo afectado y la salida del error de la prueba, y excluye la documentación a nivel de módulo para servicios no relacionados. La investigación necesita el historial de diagnóstico más que el contexto arquitectónico de los módulos que no están involucrados en el error.

La automatización de estas decisiones elimina la sobrecarga cognitiva que supone decidir qué cargar en cada sesión. La automatización consiste en un script de inicio de sesión que toma como entrada el tipo de tarea, aplica el perfil de contexto correspondiente y genera la carga de contexto inicial antes de que se envíe la descripción de la tarea. Un ingeniero que inicia una sesión de refactorización ejecuta `start-session --type refactor --module user-session` y recibe una sesión configurada en lugar de construir el contexto manualmente desde cero.

El enfoque programático también genera una base de contexto consistente para todo el equipo. Cuando cada ingeniero que ejecuta una sesión de refactorización comienza con el mismo perfil de contexto, desaparece la variación en la calidad de la salida del agente atribuible a las diferencias en la carga del contexto. Lo que queda refleja la complejidad real de la tarea y la calidad de su especificación.

15.4 Desafíos del contexto de múltiples repositorios: Cuando el agente necesita comprender más de un código fuente

Las tareas que abarcan varios repositorios plantean un problema de contexto sin una solución sencilla: el agente no puede gestionar simultáneamente el contexto completo de dos bases de código de producción sin exceder su límite de contexto. Las opciones son un contexto incompleto, que genera fallos de coherencia en los límites de los servicios, o una carga de contexto extremadamente selectiva, que requiere un análisis técnico para determinar cuál es el contexto relevante de cada repositorio.

El modo de fallo del contexto multi-repositorio incompleto es específico y consistente. El agente genera una implementación internamente coherente dentro del repositorio principal en el que trabaja, pero incumple el contrato esperado por el repositorio dependiente, del que no recibió el contexto adecuado. Esta infracción supera todas las pruebas en el repositorio principal porque estas reflejan sus expectativas. Sin embargo, falla en las pruebas de integración o en producción cuando el servicio dependiente recibe una salida que no coincide con su contrato.

Existen tres patrones que abordan el contexto de múltiples repositorios sin requerir el contexto completo de ambos repositorios.

Carga de contexto basada en el contrato. Para tareas con múltiples repositorios, cargue las definiciones de contrato (esquemas de API, definiciones de interfaz, especificaciones de tipos compartidos) desde el repositorio dependiente en lugar de los archivos de implementación. Los archivos de contrato son más pequeños que los de implementación, cambian con menos frecuencia y contienen precisamente la información que el agente necesita para comprender las expectativas del servicio dependiente. Un agente con el contrato puede generar una implementación que lo satisfaga sin necesidad del contexto de implementación completo del servicio dependiente.

Referencias CLAUDE.md entre repositorios. El archivo CLAUDE.md del repositorio principal incluye una sección que especifica los contratos y las convenciones de los repositorios con los que interactúa, mantenida como parte del proceso de actualización de CLAUDE.md descrito en el Capítulo 14. Cuando un contrato cambia en un repositorio dependiente, el archivo CLAUDE.md del repositorio principal se actualiza como parte del mismo ciclo de lanzamiento. El agente que opera en el repositorio principal dispone de un contexto preciso entre repositorios sin necesidad de una sesión multirepositorio en tiempo real.

Descomposición de tareas por etapas. Divida la tarea entre repositorios en una secuencia de tareas en repositorios individuales, en lugar de intentar una única sesión en múltiples repositorios. La primera tarea genera el cambio de implementación y el contrato actualizado en el repositorio principal. Un ingeniero revisa el resultado. La segunda tarea, ejecutada en el repositorio dependiente con el contrato actualizado cargado explícitamente, implementa el cambio correspondiente. Cada sesión opera dentro del contexto de un único repositorio, lo que reduce la presión contextual y permite revisar de forma independiente el resultado de cada sesión.

El enfoque por etapas añade un paso de revisión en comparación con una única sesión de múltiples repositorios. Ese paso de revisión es lo que permite auditar el resultado: el estado intermedio se verifica manualmente antes de que se ejecute la sesión del repositorio dependiente.

15.5 Recuperación del contexto: Qué hacer cuando la degradación ya se ha producido

La recuperación tras una sesión degradada requiere identificar el límite entre la salida fiable y la no fiable, extraer la parte fiable y descartar el resto de forma limpia antes de que entre en una cola de revisión o, peor aún, en una rama de producción.

La etapa de identificación es la que más tiempo consume en la recuperación y la que la mayoría de los ingenieros omiten al revertir la sesión completa. Revertir la sesión completa descarta el trabajo que era correcto y que tendría que regenerarse. Una recuperación dirigida identifica el límite de degradación y conserva todo lo anterior.

El límite de degradación se identifica mediante la inspección de diferencias. Comience con el último archivo modificado en la sesión y retroceda. Compare las diferencias de cada archivo con tres comprobaciones: ¿el cambio sigue las convenciones de nomenclatura especificadas en CLAUDE.md?, ¿el cambio coincide con el patrón arquitectónico utilizado en los archivos modificados anteriormente en la sesión?, y ¿el cambio hace referencia a las estructuras de los módulos con precisión o muestra indicios de desviación hacia los valores predeterminados de los datos de entrenamiento? El primer archivo que no supera cualquiera de las tres comprobaciones marca el límite de degradación. Todos los archivos modificados después de ese límite se revierten. Los archivos anteriores al límite se conservan.

La secuencia de reinicio limpio tras la identificación del límite consta de cuatro pasos. Primero, crea una rama de recuperación a partir de la confirmación inmediatamente anterior a la primera modificación degradada. Segundo, selecciona todas las confirmaciones de la rama de sesión original que preceden al límite. Tercero, verifica que las confirmaciones seleccionadas superen el conjunto de pruebas. Cuarto, abre una solicitud de extracción (PR) desde la rama de recuperación con una descripción que indique que la sesión sufrió una degradación del contexto y especifique el archivo límite, los archivos conservados y los archivos descartados.

> El ajuste preventivo posterior a la recuperación es más importante que la recuperación en sí. Para cada sesión que alcance un límite de degradación, registre la duración de la sesión en dicho límite, la utilización de la ventana de contexto en ese punto y el tipo de tarea. Tras tres a cinco sesiones con límites registrados, se observa un patrón: ciertos tipos de tareas se degradan a duraciones de sesión y niveles de utilización de contexto consistentes. Utilice este patrón para establecer límites de duración de sesión e intervalos de puntos de control obligatorios para dichos tipos de tareas.

La secuencia de recuperación del contexto

> Completar en un plazo de 24 horas tras identificar una sesión degradada. El ingeniero lo completa; el jefe de equipo lo revisa antes de abrir la solicitud de extracción.

Paso 1: Identificar el límite de degradación

Controlar	Para cada archivo, comenzando por el último modificado y retrocediendo en el tiempo.
Verificación de la convención de nomenclatura	¿El cambio cumple con las especificaciones de nomenclatura de CLAUDE.md?
Verificación de patrones arquitectónicos	¿El cambio coincide con el patrón utilizado en el primer 20% de la sesión?
Precisión de referencia del módulo	¿El cambio hace referencia a las estructuras de los módulos actuales con precisión?

> El primer archivo que no falle en ninguna comprobación = límite de degradación.

Paso 2: Clasificar los resultados de la sesión.

Categoría	Acción
Archivos modificados antes del límite de degradación	Conservar — verificado mediante tres comprobaciones
Archivos modificados después del límite de degradación	Volver al estado anterior a la sesión.
Archivos leídos pero no modificados	No se requiere ninguna acción

Paso 3: Ejecutar el restablecimiento limpio.

1. Crea una rama de recuperación a partir de la confirmación inmediatamente anterior a la primera modificación degradada.
2. Seleccione todos los commits anteriores al límite de la rama de sesión original.
3. Ejecutar el conjunto completo de pruebas contra confirmaciones seleccionadas
4. Abrir solicitud de extracción desde la rama de recuperación con el límite de degradación documentado.

Paso 4: Registrar las métricas de la sesión para la prevención.

Métrico	Valor
Duración de la sesión en el límite de degradación	___ minutos
Utilización de la ventana de contexto en el límite (si se registra)	___%
Tipo de tarea	___
Archivos modificados antes del límite	___
Archivos que requieren reversión	___

Acción preventiva: Si tres sesiones del mismo tipo de tarea experimentan degradación antes de los 90 minutos, establezca un límite de 75 minutos para ese tipo de tarea y añada un punto de control obligatorio a los 60 minutos. Registre el límite en el perfil de contexto para ese tipo de tarea.

Las secuencias de recuperación completadas se compartieron con el responsable de ingeniería en un plazo de 24 horas. Los patrones observados en las distintas sesiones se revisaron durante la auditoría mensual del sistema.

— CAPÍTULO 16 —

INTEGRACIÓN DE LA IA EN BASES DE CÓDIGO REALES

No es un proyecto nuevo. No es un proyecto secundario. Es un código fuente en producción con tres años de deuda técnica y doce ingenieros con opiniones firmes.

La integración comenzó un miércoles. El ingeniero asignado a la primera tarea de la Fase 2 abrió el repositorio, leyó el tutorial que el jefe de equipo había compartido y siguió las instrucciones de configuración al pie de la letra. El tutorial asumía una estructura de proyecto limpia, un único patrón arquitectónico y una cobertura de pruebas superior al 80 %. El repositorio presentaba tres patrones arquitectónicos superpuestos de tres jefes técnicos diferentes a lo largo de tres años. La cobertura de pruebas era del 34 % en los módulos donde se suponía que el agente debía funcionar primero. No existía una convención de importación consistente.

El agente produjo resultados en la primera tarea. Era internamente coherente. Aplicó con seguridad uno de los tres patrones arquitectónicos, pero el incorrecto para este módulo en particular, ya que el nombre del directorio del módulo no indicaba qué patrón lo regía, y la convención no estaba en el archivo CLAUDE.md porque nadie lo había escrito todavía.

El ingeniero revisor lo detectó. La corrección tardó 45 minutos. El ingeniero la archivó como una nota de revisión y continuó con el trabajo.

Esa corrección costó más de 45 minutos. Le costó la confianza a la ingeniera que dirigía la sesión, quien pasó los dos días siguientes seleccionando tareas en las que estaba segura de que el resultado sería seguro. Tareas seguras. Tareas pequeñas. Nada que requiriera que el agente tomara decisiones sobre un código fuente que no comprendía.

16.1 Por qué todas las guías de integración están escritas para proyectos desde cero y qué coste tiene eso.

Cada tutorial importante de integración de Claude Code se basa en una serie de supuestos que nunca se mencionan explícitamente, ya que los autores trabajan en entornos nuevos donde estos supuestos son simplemente ciertos. Una arquitectura limpia implica que el propósito de cada módulo es inequívoco, tanto por su ubicación como por su nombre. Las convenciones consistentes garantizan que el entrenamiento del agente con patrones comunes produzca resultados que coincidan con los patrones reales del código fuente. Las pruebas exhaustivas permiten que los resultados del agente se validen automáticamente con alta fiabilidad. Ninguna de estas condiciones se cumple en un código fuente de producción desarrollado durante más de dieciocho meses.

El coste de aplicar la guía de integración desde cero a una base de código ya existente no radica en que falle inmediatamente, sino en que lo hace gradualmente, de maneras que se atribuyen individualmente a otras causas. Un agente que modifica un módulo que no puede contextualizar con precisión produce resultados que requieren más correcciones de las esperadas. Los ingenieros atribuyen el tiempo adicional de corrección a la complejidad de la tarea, no al enfoque de integración. En un plazo de cuatro a seis semanas, el patrón se hace visible: Claude Code ofrece excelentes resultados en los dos o tres servicios que casualmente tienen una arquitectura limpia, resultados inconsistentes en la mayor parte de la base de código y resultados francamente deficientes en los módulos más antiguos y complejos. La tasa de adopción efectiva del equipo no es del 70 %, sino del 70 % de las áreas de la base de código que coinciden con las suposiciones del tutorial.

Tres supuestos específicos que no se cumplen explican la mayor parte de este patrón.

Ambigüedad arquitectónica. En un código fuente donde coexisten tres patrones —quizás un patrón de capa de servicio, un patrón de repositorio y un patrón de acceso directo al modelo— el agente selecciona uno de su distribución de entrenamiento, a menos que CLAUDE.md especifique qué patrón rige el módulo que se está modificando. Sin esa especificación, el agente aplica el patrón más común que ha encontrado durante el entrenamiento para ese tipo de módulo. Esta selección suele ser errónea en códigos fuente con una arquitectura particular.

Inconsistencia en las convenciones. Un agente que genera código de acuerdo con las convenciones estándar del lenguaje produce un resultado que, si bien es correcto según los estándares generales, es incorrecto según los estándares específicos del código fuente. El agente no respetará las convenciones de manejo de errores, el formato de registro, la estructura de respuesta de la API ni los patrones de organización de pruebas que se desvíen de los valores predeterminados del lenguaje o del marco de trabajo, a menos que cada desviación esté documentada explícitamente.

Baja cobertura de pruebas. Los agentes dependen de conjuntos de pruebas para validar su salida. Un módulo con una cobertura del 34 % proporciona al agente una señal de validación que es prácticamente ruido: las pruebas se ejecutan correctamente, pero cubren menos de la mitad de las conductas de las que es responsable el módulo. El agente no dispone de ningún mecanismo para distinguir entre "la salida es correcta" y "las pruebas no cubren lo suficiente como para detectar este error".

El enfoque de integración que funciona en bases de código existentes no es el enfoque tutorial aplicado cuidadosamente. Es un enfoque diferente, diseñado específicamente para las condiciones reales.

16.2 Identificación de los puntos débiles: dónde la IA puede funcionar correctamente y dónde causará problemas

En el contexto de la integración de agentes, una "seam" (punto de inflexión) es un límite en el código fuente donde se pueden introducir cambios generados por IA con bajo riesgo de acoplamiento. Un módulo es un buen candidato para ser un punto de inflexión si sus entradas y salidas están bien definidas, su lógica interna no depende de un estado compartido implícito, su cobertura de pruebas supera el 60 % y sus convenciones son estándar o están documentadas explícitamente. Un módulo es un mal candidato para ser un punto de inflexión si falta alguna de estas condiciones.

El análisis de las uniones es un recorrido estructurado por el código fuente, no una revisión arquitectónica. Un ingeniero sénior lo realiza en un día. El resultado es una clasificación módulo por módulo —en cuatro categorías— que determina la secuencia de integración.

Categoría uno: puntos de acceso de alta confianza. Módulos con un propósito claro, convenciones consistentes, cobertura de pruebas superior al 60 % y sin estado mutable compartido. Las tareas del agente generan resultados fiables con una profundidad de revisión estándar. Ejemplos típicos de bases de código SaaS de tamaño medio: bibliotecas de utilidades, servicios de transformación de datos, adaptadores de cliente API y módulos de generación de informes.

Categoría dos: problemas de confianza moderada. Módulos con un propósito claro pero convenciones inconsistentes o una cobertura de pruebas del 40 al 60 por ciento. Las tareas del agente generan resultados utilizables que requieren una revisión más minuciosa, especialmente en lo que respecta al cumplimiento de las convenciones. El archivo CLAUDE.md para estos módulos requiere mayor especificidad que la configuración predeterminada de la organización.

Categoría tres: puntos débiles. Módulos con propósito ambiguo, múltiples patrones coexistentes o una cobertura de pruebas inferior al 40 %. Las tareas de los agentes en estos módulos generan resultados que requieren una revisión y corrección significativas, llegando a consumir o incluso superar el tiempo necesario para realizar el cambio manualmente. Utilice agentes en los módulos de categoría tres únicamente para tareas bien definidas y de bajo riesgo: añadir cadenas de documentación, generar fragmentos de prueba y reformatear. No utilice agentes para cambios funcionales en los módulos de categoría tres hasta que mejore la cobertura de pruebas.

Categoría cuatro: zonas excluidas. Las características específicas del código fuente se describen en la Sección 16.4. No se permite un nivel de confianza bajo: se excluyen. No se permiten tareas de agente, independientemente del alcance o el nivel de confianza.

El resultado del análisis de la estructura de datos es una hoja de cálculo que incluye: nombre del módulo, categoría, motivo principal de la categorización y cualquier adición específica a CLAUDE.md necesaria antes de que se ejecuten las tareas del agente en dicho módulo. Esta hoja de cálculo corresponde a la evaluación de la preparación del código base descrita en la Sección 16.5. Créela antes de que se abra el acceso a la Fase 2, no después de que la primera sesión problemática ponga de manifiesto la necesidad de crearla.

16.3 La secuencia de integración que minimiza el riesgo

La secuencia de integración que minimiza el riesgo comienza con los puntos de mayor confianza, donde la calidad de la señal es más clara, pasa a los puntos de confianza moderada una vez que se comprende el comportamiento del agente en su código base específico, y se acerca a los puntos de baja confianza solo después de que las mejoras en la cobertura de las pruebas los hagan viables.

Esta secuencia resiste dos modos de fallo. El primero es la tentación de empezar con los módulos más visibles o de mayor prioridad: aquellos sobre los que pregunta el equipo de producto, donde la mejora de la velocidad sería más evidente. Estos suelen ser los módulos más complejos, porque son los que más se trabajan. Empezar con el módulo más complejo produce resultados iniciales desalentadores que hacen que las expectativas del equipo sean inferiores al rendimiento real de la herramienta en las áreas pertinentes.

El segundo modo de fallo es la cautela excesiva. Los equipos que identifican puntos débiles y deciden esperar a que se mejoren antes de utilizar tareas de agentes en todo el código, en realidad están optando por no adoptar la nueva metodología hasta que finalice una iniciativa de refactorización. Dicha iniciativa no se completará antes de que se cierre el plazo para la adopción. Esta secuencia resuelve el problema utilizando puntos débiles de alta confianza para el trabajo inmediato y productivo de los agentes, mientras que los puntos débiles de baja confianza se mejoran de forma incremental según un cronograma definido.

La secuencia de integración práctica para una base de código típica de un entorno existente con categorías de costura mixtas se desarrolla en tres fases. Fase uno, semanas uno a cuatro: tareas de agente exclusivamente en costuras de categoría uno. Desarrollar la capacidad de revisión del equipo, calibrar la especificidad de CLAUDE.md y establecer la línea base de medición descrita en el Capítulo 7 utilizando un entorno consistente y controlable. No se debe ir más allá de la categoría uno durante esta fase, independientemente de su buen desempeño.

Fase dos, semanas cinco a ocho: ampliar a las uniones de categoría dos con una cobertura mejorada de CLAUDE.md para cada módulo introducido. Realizar un seguimiento de la tasa de defectos por separado para las modificaciones de categoría uno y categoría dos para detectar si la expansión está introduciendo errores a un ritmo aceptable.

Fase tres, que comienza en la semana nueve y se extiende indefinidamente: ampliar a módulos de categoría tres a medida que las mejoras en la cobertura de pruebas los hagan viables. Establecer un umbral mínimo de cobertura de pruebas (el 55 % es un mínimo práctico) y trasladar los módulos de la categoría tres a la categoría dos cuando lo alcancen. Esto crea una expansión de la integración continua vinculada a una mejora de la calidad medible, en lugar de a un cronograma arbitrario.

Las zonas excluidas de categoría cuatro no tienen una fase definida. Se mantienen en la lista de exclusión y se revisan trimestralmente para su reclasificación.

16.4 Zonas de peligro: Áreas del código fuente donde los cambios asistidos por IA son realmente riesgosos

Cinco áreas del código fuente requieren la autoría y revisión exclusivamente humana, independientemente de la calidad de la IA en otras áreas del mismo código. No se trata de puntos débiles, sino de diferencias radicales. La característica distintiva es que un error imperceptible en estas áreas produce consecuencias que no pueden detectarse eficazmente antes de que causen daños: brechas de seguridad, pérdidas financieras, corrupción de datos o infracciones normativas.

Autenticación y gestión de sesiones. La generación de tokens, la validación de sesiones, el almacenamiento de credenciales y la lógica de control de acceso presentan un modo de fallo que las pruebas estándar no cubren adecuadamente: una implementación plausible que supera todas las pruebas unitarias, pero contiene una vulnerabilidad sutil explotable solo bajo condiciones específicas. El código de autenticación es también el área donde el entrenamiento de agentes en patrones comunes tiene más probabilidades de generar resultados que, si bien son estándar en general, son vulnerables en el contexto específico de su implementación. El estándar para esta área es la autoría humana y la revisión de un ingeniero sénior con criterios de revisión específicos centrados en la seguridad, no la generación de agentes con una revisión estándar.

Flujos de procesamiento de pagos. Cualquier código en la ruta de la transacción (creación de cargos, lógica de reembolsos, transiciones de estado de pago, generación de facturas) conlleva riesgos regulatorios y financieros que los cambios generados por agentes no pueden capturar adecuadamente. Los agentes no pueden evaluar si una transición de estado de pago cumple con los requisitos de la PSD2 (Directiva de Servicios de Pago 2, UE) o si es coherente con las obligaciones contractuales de su procesador de pagos. Estas son cuestiones legales y contractuales que requieren criterio humano, no capacidad de generación de código.

Lógica de migración de datos. Las migraciones son irreversibles por definición. Una migración generada por un agente que produce una transformación de datos incorrecta se ejecuta sobre los datos de producción antes de que se detecte el error. La corrección requiere una migración inversa, con su propio riesgo de error, o una corrección manual de datos a gran escala. El perfil de riesgo del código de migración generado por el agente no mejora con un CLAUDE.md mejor; es intrínseco al tipo de tarea.

Implementaciones criptográficas. La lógica de cifrado, la gestión de claves, las rutinas de firma y verificación, y las implementaciones de hash que se desvían de las llamadas a la biblioteca estándar —incluso mínimamente— introducen clases de vulnerabilidad que no pueden detectarse mediante pruebas funcionales. Si se requiere una implementación criptográfica, utilice las llamadas a la biblioteca estándar y limite la participación del agente a la estructura que rodea la llamada, no a la llamada en sí.

Rutas críticas para el cumplimiento. Código que implementa directamente las obligaciones del RGPD —registro del consentimiento según el artículo 7 del Reglamento (UE) 2016/679, eliminación de datos según el artículo 17, tratamiento de registros según el artículo 30— o que implementa requisitos específicos de información regulatoria. Un agente que genera lógica de cumplimiento asume requisitos regulatorios que no puede verificar con su contexto regulatorio específico, la guía de su autoridad de control y la Evaluación de Impacto en la Protección de Datos de su organización. Se requiere la autoría humana con revisión legal.

16.5 Plantilla de secuencia de evaluación e integración de la preparación del código fuente

> El ingeniero sénior finaliza la evaluación. El director de tecnología y el jefe de ingeniería la revisan antes de que se abra el acceso a la Fase 2.

Sección A — Clasificación de costuras

Módulo/Servicio	Cobertura de pruebas %	Coherencia arquitectónica	Documentación de la convención	Categoría de costura
___	___%	Consistente / Mixto / Desconocido	CLAUDE.md / Parcial / Ninguno	1 / 2 / 3 / 4
___	___%			
___	___%			
___	___%			

> Completar para todos los módulos donde se planifiquen tareas de agente. Los módulos de categoría 4 están excluidos; no los incluya en la secuencia de integración.

Sección B — Lista de exclusión (Categoría 4 — Permanente o hasta su reclasificación)

Módulo/Servicio	Motivo de exclusión	Fecha de revisión trimestral
___ (Autenticación)	Riesgo de seguridad: exclusivamente humano	___
___ (Procesamiento de pagos)	Riesgo financiero/regulatorio	___
___ (Migraciones de datos)	Riesgo de irreversibilidad	___
___ (Lógica criptográfica)	Riesgo de clase de vulnerabilidad	___
___ (Rutas de cumplimiento)	Riesgo de cumplimiento normativo	___

Sección C — Secuencia de integración

Fase	Semanas	Módulos incluidos en el alcance	Requisitos de CLAUDE.md	Criterio de salida
Fase 1	1–4	Solo módulos de categoría 1	Archivos organizativos CLAUDE.md + archivos a nivel de módulo para cada uno	Tasa de defectos estable en comparación con la línea base previa a la adopción.

Fase	Semanas	Módulos incluidos en el alcance	Requisitos de CLAUDE.md	Criterio de salida
Fase 2	5–8	Categoría 1 + Categoría 2	CLAUDE.md mejorado a nivel de módulo para cada módulo Cat-2	Tasa de defectos de categoría 2 dentro del 15% de la tasa de categoría 1.
Fase 3	9+	Cat-1, Cat-2, Cat-3 (a medida que mejora la cobertura)	Umbral de cobertura: 55% antes de que cualquier módulo Cat-3 entre en el alcance.	En curso: revisión trimestral de reclasificación de costuras

Sección D — Rastreador de mejoras de categoría 3

Módulo	Cobertura actual	Cobertura objetivo	Ingeniero responsable	Fecha objetivo
___	___%	55%	___	___

> Actualización trimestral. Los módulos que alcanzan la cobertura objetivo pasan de la Categoría 3 a la Categoría 2 y entran en el alcance de la Fase 3.
>
> Aprobación de la evaluación:

> Ingeniero sénior: ___ · Fecha: ___
>
> Responsable de ingeniería: ___ · Fecha: ___
>
> CTO: ___ · Fecha: ___

— CAPÍTULO 17 —

PARALELIZACIÓN Y FLUJOS MULTIREPOSICIÓN

Cómo multiplicar la productividad del equipo sin multiplicar el riesgo.

La sesión de planificación del sprint dio como resultado una decisión que parecía eficiente en la pizarra: tres ingenieros ejecutarían sesiones de agente paralelas en tres repositorios simultáneamente (la puerta de enlace de la API, el servicio de usuario y el servicio de notificaciones), implementando cada uno su parte de un nuevo esquema de eventos. Las tareas se asignaron a las 10 de la mañana. A las 2 de la tarde, las tres solicitudes de extracción estaban abiertas.

El líder de ingeniería comenzó a revisar a las 3 p. m. La solicitud de extracción de la puerta de enlace de API parecía correcta. La solicitud de extracción del servicio de usuario parecía correcta. La solicitud de extracción del servicio de notificaciones parecía correcta con respecto al contrato actual del servicio de notificaciones, que había sido el contrato anterior a la sesión matutina, antes de que la sesión de la puerta de enlace de API modificara la estructura de eventos que publicaba.

Los tres agentes habían trabajado en paralelo en un problema que requería coordinación secuencial. Cada uno había generado una salida coherente en función del estado del código fuente que leyó al inicio de la sesión. Ninguno disponía de un mecanismo para saber qué producían simultáneamente las otras sesiones. El conflicto no residía en el código, sino en el orden temporal de las tres salidas correctas respecto a un contrato compartido que uno de ellos estaba modificando.

La prueba de integración lo detectó a las 4 de la tarde. La solución tardó hasta la mañana siguiente.

17.1 La arquitectura de un flujo de trabajo agente multi-repositorio

Un flujo de trabajo con múltiples repositorios no es lo mismo que ejecutar varias sesiones de un solo repositorio simultáneamente. La diferencia estructural radica en la dependencia: en un flujo de trabajo con múltiples repositorios, el resultado de una sesión de agente afecta los requisitos de corrección de otra. Sin una arquitectura de coordinación explícita, los agentes que operan en repositorios dependientes producen resultados que son correctos individualmente, pero incompatibles en conjunto.

La arquitectura que lo impide consta de tres componentes: un mapa de dependencias, un protocolo de secuenciación de tareas y definiciones de contratos compartidos accesibles a todas las sesiones del flujo de trabajo.

El mapa de dependencias no es un diagrama de arquitectura del sistema. Es un artefacto a nivel de tarea que responde a una pregunta para cada tarea en el flujo de trabajo: ¿a qué otras tareas de este flujo de trabajo afecta la salida de esta tarea? En el escenario de planificación del sprint anterior, el mapa de dependencias habría identificado la sesión de la puerta de enlace de API como anterior a las sesiones del servicio de usuario y del servicio de notificaciones. Ese único dato cambia la ejecución de paralela a secuencial para esas tareas específicas. Las sesiones que no comparten ninguna relación de dependencia —una actualización de documentación y una ampliación del conjunto de pruebas en servicios no relacionados— pueden ejecutarse completamente en paralelo porque ninguna de las salidas afecta los requisitos de corrección de la otra.

El protocolo de secuenciación de tareas convierte el mapa de dependencias en un orden de ejecución. Las tareas ascendentes se ejecutan primero y generan una salida revisada y fusionada antes de que comiencen las tareas descendentes. Esto no es un enfoque de desarrollo en cascada, sino que reconoce que la paralelización solo es segura entre tareas sin relación de dependencia. Forzar la ejecución paralela entre tareas dependientes no acelera la entrega; genera retrabajo que anula cualquier ventaja de la paralelización.

Las definiciones de contratos compartidas constituyen la base técnica que facilita la coordinación entre múltiples repositorios. Los esquemas de API, las definiciones de carga útil de eventos, las especificaciones de tipos compartidas y los contratos de interfaz se almacenan en una ubicación central accesible para todas las sesiones del flujo de trabajo. Antes de que una sesión comience a trabajar en un servicio que depende de un contrato externo, carga el contrato actual desde la ubicación compartida en lugar de inferirlo del código local. Cuando una sesión ascendente modifica un contrato, actualiza la ubicación compartida como parte de la misma solicitud de extracción (PR). Las sesiones descendentes que cargan el contrato después de la fusión ascendente trabajan automáticamente con la versión actualizada.

El modo de fallo de los mapas de dependencia faltantes es el escenario que dio inicio a este capítulo: tres implementaciones correctas de la misma integración defectuosa. El mecanismo de detección es simple: antes de programar sesiones paralelas, se debe exigir a cada ingeniero que indique a qué otras sesiones del flujo de trabajo afecta su resultado. Cualquier dependencia declarada se convierte de paralela a secuencial. Las dependencias no declaradas que surgen en las pruebas de integración son el precio de omitir esta conversación de cinco minutos.

17.2 Problemas de concurrencia que solo aparecen a gran escala

Existen cuatro modos de fallo específicos del desarrollo de agentes en paralelo. Ninguno aparece en los flujos de trabajo de un solo agente. Ninguno se aborda en los tutoriales dirigidos a desarrolladores individuales. Cada uno tiene una firma y un mecanismo de prevención específicos.

La colisión de contexto a nivel de archivo ocurre cuando dos sesiones cargan el mismo archivo para lectura casi al mismo tiempo, ambas planean cambios basados en esa versión y ambas producen modificaciones conflictivas. A diferencia de los conflictos de fusión clásicos, donde Git detecta la superposición y requiere resolución, la colisión de contexto puede producir PR que se fusionan limpiamente con la rama principal pero entran en conflicto a nivel semántico. La sesión A refactoriza el manejador de errores para usar la nueva jerarquía de excepciones. La sesión B, que cargó el mismo archivo noventa segundos antes, refactoriza el mismo manejador de errores sin la nueva jerarquía de excepciones. Ambas PR pasan la CI. La primera en fusionarse gana. La segunda crea una regresión cuando se fusiona.

El mecanismo de prevención es el registro de tareas compartido del Capítulo 12, ampliado para abarcar las solicitudes a nivel de archivo en lugar de solo el registro a nivel de módulo. Antes de iniciar una sesión que modificará un archivo específico, el ingeniero solicita dicho archivo en el registro de tareas. Los demás ingenieros ven la solicitud y esperan o se coordinan con el ingeniero que la solicitó antes de iniciar sesiones que afecten al mismo archivo.

Las cascadas de conflictos de fusión ocurren cuando el resultado de una sesión paralela genera un conflicto de fusión en la solicitud de extracción (PR) de otra sesión, lo que a su vez genera un conflicto en la PR de una tercera sesión. Con tres sesiones paralelas, esto resulta inconveniente. Con ocho sesiones paralelas en tres repositorios, un solo cambio en la rama principal puede propagarse simultáneamente a través de todas las ramas secundarias, lo que requiere una resolución de conflictos secuencial que lleva más tiempo que si se ejecutaran las sesiones de forma secuencial.

Prevención: las sesiones ascendentes se fusionan antes de que las sesiones descendentes abran solicitudes de extracción (PR). El mapa de dependencias impone la secuencia. Una solicitud de extracción de una sesión ascendente se fusiona dentro de las cuatro horas posteriores a su apertura; de lo contrario, las sesiones descendentes esperan. Las sesiones que hayan abierto solicitudes de extracción contra una base modificada actualizan sus ramas antes de solicitar la revisión.

Las condiciones de carrera de dependencias aparecen en flujos de trabajo donde varias sesiones agregan o actualizan la misma dependencia externa (una versión de una biblioteca compartida, un paquete en un monorepo) simultáneamente. Esta condición de carrera genera un estado final donde la versión de la dependencia refleja la de la última sesión que realizó la fusión, independientemente de cuál fuera la versión correcta para el conjunto completo de servicios del consumidor. Prevención: los cambios de dependencias se designan como tareas de sesión única. Ninguna sesión modifica la misma dependencia en el mismo flujo de trabajo.

La brecha de auditoría es el problema menos visible, pero el más relevante para el cumplimiento normativo. Cuando varios agentes modifican código relacionado simultáneamente, reconstruir la secuencia de cambios a partir del historial de control de versiones se vuelve ambiguo. El historial estándar de Git muestra qué confirmaciones llegaron y en qué orden, pero no muestra qué decisiones de los agentes se tomaron sobre qué estado del código base. La brecha de auditoría es importante para los códigos base sensibles al cumplimiento normativo y para la investigación de incidentes. Prevención: cada sesión paralela incluye su ID de entrada de registro de tareas en la descripción de la solicitud de extracción, lo que permite reconstruir el orden de ejecución previsto del flujo de trabajo a partir de las decisiones registradas en lugar de las marcas de tiempo de las confirmaciones.

17.3 Coordinación de los resultados de los agentes en todos los servicios

Las salidas de los agentes en todos los servicios deben ser compatibles en cada punto de integración: límites de API, contratos de eventos, modelos de datos compartidos y definiciones de protocolos internos. La compatibilidad no se garantiza mediante salidas individualmente correctas, sino mediante especificaciones compartidas que todas las sesiones consideran autorizadas.

El mecanismo de coordinación que funciona prioriza el contrato, no el resultado. Antes de que comience cualquier sesión en un flujo de trabajo multiservicio, se revisan los contratos de integración entre los servicios participantes, se confirma su vigencia y se ponen a disposición explícitamente en el contexto de cada sesión. El agente que genera los cambios en la puerta de enlace API carga el esquema de eventos actual. El agente que genera los cambios en el servicio de usuario carga el mismo esquema de eventos. Cuando ambas sesiones consideran el mismo contrato como autoritativo, sus resultados son compatibles por definición.

El mecanismo de coordinación que luce bien en los diagramas pero falla en la práctica es la coordinación conversacional: los ingenieros describen los cambios que pretenden realizar antes de que comiencen las sesiones, acuerdan la interfaz y confían en que cada agente generará un resultado coherente con el acuerdo verbal. Esto falla porque los acuerdos verbales no se integran al contexto del agente. Un ingeniero que acordó que la carga útil del evento incluiría un campo correlationId y luego ejecuta una sesión sin ese acuerdo en la descripción de la tarea o en el archivo de contrato obtiene un resultado que refleja el enfoque predeterminado del agente, no el acordado. La coordinación verbal entre ingenieros no sustituye el contexto escrito en las sesiones de los agentes.

Antes de que comience cualquier sesión paralela multiservicio, se realizan tres acciones de coordinación. En primer lugar, un ingeniero sénior revisa los contratos entre los servicios participantes y confirma que reflejan con precisión el estado actual de todos los servicios incluidos en el alcance. Un contrato que aparentemente está vigente, pero que se actualizó por última vez hace tres meses durante una refactorización diferente, podría no reflejar los cambios posteriores. La vigencia se verifica comparándola con el código del servicio, no con la fecha de última modificación del archivo del contrato.

En segundo lugar, la descripción de cada tarea de la sesión hace referencia explícita al contrato: «Implementar cambios en el servicio de usuario de acuerdo con el esquema de eventos en [ubicación del contrato], versión [versión]». Esto no es documentación para el ingeniero, sino instrucciones para el agente. El agente lee el contrato referenciado y genera una salida compatible con él.

En tercer lugar, se asigna un revisor de integración antes de que comiencen las sesiones. Este ingeniero no revisa ninguna solicitud de extracción individual para verificar su corrección interna. Revisa todas las solicitudes de extracción del flujo de trabajo en conjunto, específicamente para comprobar la compatibilidad de la integración: ¿la salida de la sesión A se conecta correctamente con la salida de la sesión B en cada punto de integración? Los revisores estándar revisan una solicitud de extracción a la vez. El revisor de integración revisa el flujo de trabajo como una unidad.

17.4 Flujo de trabajo de revisión para la salida de agentes paralelos

Los procesos estándar de revisión de código están diseñados para un entorno donde las solicitudes de extracción (PR) llegan de forma secuencial y cada una puede evaluarse de forma independiente. Las sesiones paralelas de agentes invalidan ambas premisas. Las PR llegan simultáneamente. Muchas no pueden evaluarse de forma independiente porque su corrección depende del contenido de otras PR en el mismo flujo de trabajo.

El flujo de trabajo de revisión para la salida de agentes paralelos agrega una capa estructural: la puerta de revisión de integración, que se ejecuta después de las revisiones individuales de las solicitudes de extracción y antes de que se fusione cualquier solicitud de extracción en el flujo de trabajo.

La revisión individual de cada solicitud de cambio (PR) sigue el proceso estándar para los resultados generados por agentes en los puntos de control de calidad del Capítulo 19. Cada PR se revisa para verificar su corrección interna, el cumplimiento de las convenciones y la superación de las pruebas. En esta etapa, los revisores no necesitan ver otras PR en el flujo de trabajo; su evaluación se limita a la PR que se les ha asignado.

La fase de revisión de la integración consiste en una única sesión donde el revisor designado lee simultáneamente todas las solicitudes de extracción (PR) del flujo de trabajo. La lista de verificación específica para la revisión de la integración incluye cuatro preguntas: ¿coinciden exactamente los contratos de API implementados en cada PR con la especificación del contrato compartido?, ¿coinciden los modelos de datos en cada PR en sus límites compartidos?, ¿producen los comportamientos de manejo de errores en todos los servicios una propagación de errores coherente de extremo a extremo?, y ¿ cubren los conjuntos de pruebas en todas las PR los puntos de integración entre los servicios o solo el comportamiento interno de cada servicio?

La revisión de la integración requiere más tiempo que la revisión individual. Para un flujo de trabajo paralelo de tres servicios que genera tres solicitudes de extracción (PR), se estima que un ingeniero sénior, con conocimiento completo de los tres servicios, dedicará entre 60 y 90 minutos a la revisión de la integración. Este tiempo adicional es inevitable; se trata del tiempo mínimo necesario para resolver las dudas de compatibilidad que los revisores individuales no pueden resolver con una sola solicitud de extracción.

La secuencia de fusión tras la aprobación de la revisión de integración sigue el mapa de dependencias. Las solicitudes de extracción ascendentes se fusionan primero. Un período de espera de diez minutos después de cada fusión ascendente permite que los sistemas de integración continua en los repositorios dependientes actualicen su vista del estado compartido antes de que las solicitudes de extracción descendentes ejecuten sus comprobaciones finales de integración continua. Una solicitud de extracción descendente cuyas comprobaciones de integración continua se ejecutan sobre un estado obsoleto del código base puede aprobarse cuando debería fallar.

El riesgo de cuello de botella es real, pero cuantificable. Un flujo de trabajo con tres sesiones paralelas que requiere 90 minutos de revisión de integración antes de la fusión es más lento que tres sesiones secuenciales solo si cada sesión secuencial requiere menos de 30 minutos de revisión. Para tareas que requieren más de 60 minutos de trabajo individual de los agentes, además de la revisión estándar, la paralelización con revisión de integración sigue siendo más rápida que la ejecución secuencial. Modele la duración específica de las tareas antes de concluir que un flujo de trabajo paralelo es conveniente.

17.5 Cinco patrones de paralelización para escenarios comunes de múltiples repositorios

Cinco escenarios de tareas se repiten en organizaciones de ingeniería de tamaño mediano que ejecutan flujos de trabajo de agentes en paralelo. Cada uno tiene una configuración que funciona y otra que falla de forma predecible.

Patrón 1: Desarrollo de funcionalidades en un monorepositorio y un microservicio. La sesión del monorepositorio implementa la lógica de la funcionalidad; la sesión del microservicio implementa la integración de la API. Configuración que funciona: la sesión del monorepositorio se ejecuta primero, se fusiona y, a continuación, la sesión del microservicio comienza con el contrato del monorepositorio fusionado cargado explícitamente. Configuración que falla: ambas sesiones se ejecutan simultáneamente sin que el contrato del monorepositorio esté finalizado.

Patrón 2: Refactorización entre servicios. Se refactoriza una utilidad compartida y se actualizan sus llamadas en tres servicios. Configuración que funciona: la sesión de refactorización de la utilidad se ejecuta y fusiona primero; las sesiones de actualización de las llamadas se ejecutan en paralelo después de la fusión, cargando cada una la nueva interfaz de la utilidad a partir del resultado fusionado. Configuración que falla: las cuatro sesiones se ejecutan simultáneamente, lo que produce cuatro suposiciones diferentes sobre cómo se ve la interfaz refactorizada.

Patrón 3: Propagación de la actualización de dependencias. Se actualiza una biblioteca compartida y cada servicio que la consume se actualiza a la nueva API. Configuración que funciona: primero se abre la solicitud de extracción (PR) de actualización de dependencias; tras su aprobación y fusión, las sesiones de los servicios que la consumen se ejecutan en paralelo, cada una con la nueva versión de la biblioteca en su contexto. Configuración que falla: las sesiones de los servicios que consumen se abren antes de que se fusione la actualización, lo que genera una salida que entra en conflicto con la API antigua.

Patrón 4: Generación de documentación. La documentación para múltiples servicios se genera simultáneamente. Configuración que funciona: totalmente paralela: las sesiones de documentación no tienen relaciones de dependencia. Cada sesión genera documentación para un servicio con los archivos de nivel de módulo de ese servicio cargados. Configuración que falla: intentar que una sesión genere documentación para varios servicios sin el contexto completo de todos ellos.

Patrón 5: Expansión del conjunto de pruebas. Se añaden pruebas a varios servicios simultáneamente. Configuración que funciona: totalmente paralela para servicios sin utilidades de prueba compartidas: cada sesión expande las pruebas en un servicio de forma independiente. Parcialmente secuencial cuando intervienen utilidades o configuraciones de prueba compartidas: primero se fusionan las sesiones de configuración y luego se ejecutan en paralelo las sesiones de expansión.

La biblioteca de patrones de paralelización

> Consulte la documentación antes de programar cualquier flujo de trabajo con varias sesiones. Complete la lista de verificación de decisiones antes de asignar las sesiones.

Lista de verificación de decisiones previas al flujo de trabajo

Pregunta	Respuesta	Acción
¿El resultado de alguna sesión modifica un contrato del que depende otra sesión?	Sí / No	Sí → la sesión ascendente se fusiona antes de que comience la descendente.
¿Dos o más sesiones modifican el mismo archivo?	Sí / No	Sí → presentar reclamación en el registro de tareas; coordinar o secuenciar las sesiones
¿Las sesiones modifican la misma dependencia?	Sí / No	Sí → la sesión única maneja la dependencia; las demás secuencian después
¿Existe un revisor de integración designado?	Sí / No	No → asignar antes de que comiencen las sesiones; el flujo de trabajo no abre solicitudes de extracción hasta que se asignan.

Pregunta	Respuesta	Acción
¿Los contratos compartidos están vigentes y confirmados?	Sí / No	No → confirmar antes de que se cargue cualquier sesión.

Referencia de configuración de patrones

Patrón	¿Es seguro paralelizar?	Requisito de secuenciación	Profundidad de la revisión de la integración
Característica: monorepo + microservicio	No, existe dependencia.	de Monorepo son las primeras	Compatibilidad total con contratos API
Refactorización entre servicios	Parcial: llamadas en paralelo, utilidad secuencial	Primero se fusionan las empresas de servicios públicos	Compatibilidad total de la interfaz con todos los usuarios que realizan llamadas.
Propagación de actualizaciones de dependencias	Parcial: actualización secuencial, consumidores en paralelo	La actualización fusiona primero	Dirigido a: corrección en el uso de la nueva API
Generación de documentación	Sí, sin dependencias.	No se requiere	Luz — solo referencias cruzadas

Patrón	¿Es seguro paralelizar?	Requisito de secuenciación	Profundidad de la revisión de la integración
Ampliación del conjunto de pruebas (sin accesorios compartidos)	Sí, sin dependencias.	No se requiere	Luz: sin estado compartido
Ampliación del conjunto de pruebas (componentes compartidos)	Parcial — secuencial de accesorios	Primero se fusionan los accesorios	Dirigido a la consistencia en el uso de los accesorios.

Regla de secuenciación de fusión: Las solicitudes de extracción ascendentes se fusionan en orden de dependencia. Hay un intervalo de diez minutos entre cada fusión ascendente y la reejecución de la integración continua descendente. El revisor de integración aprueba todas las solicitudes de extracción antes de cualquier fusión.

Archive esta biblioteca de patrones con la política de gobernanza. Revísela y actualícela cuando surjan nuevos tipos de tareas recurrentes que involucren múltiples repositorios.

— CAPÍTULO 18 —

MODERNIZACIÓN DEL CÓDIGO BASE HEREDADO

Quinientas mil líneas de código, documentación mínima y los ingenieros que escribieron el original se han ido

---

La directora de ingeniería llevaba tres meses en la empresa cuando hizo la pregunta que nadie quería responder: "¿Alguien entiende completamente el servicio de facturación?".

El silencio duró cuatro segundos. Entonces tres ingenieros hablaron simultáneamente. Uno dijo: "En su mayor parte, sí". Otro dijo: "El flujo de pagos, sí". Otro dijo: "Sé qué archivos no debo tocar".

El servicio de facturación constaba de 68 000 líneas de código repartidas en 340 archivos. Había sido desarrollado por cinco ingenieros a lo largo de seis años, dos de los cuales ya no formaban parte de la empresa. Gestionaba todas las suscripciones, facturas y reembolsos que procesaba la compañía. La cobertura de pruebas era del 22 %. No existía documentación arquitectónica. Había comentarios en dos idiomas, ya que uno de los ingenieros originales había trabajado en alemán. Un archivo, billing_utils.py, tenía 4100 líneas y carecía de una estructura organizativa clara.

La junta directiva había solicitado un plan de modernización el trimestre anterior. La directora de ingeniería heredó un borrador que comenzaba con "reestructurar el motor de facturación principal". Miró el borrador, miró a su alrededor y cerró el documento.

"No vamos a empezar por ahí", dijo.

Este capítulo explica por dónde empezar.

18.1 Por qué fracasa la modernización de la IA cuando la documentación se deja para el final.

El enfoque estándar para la modernización de sistemas heredados asistida por IA comienza en el lugar equivocado. Un ingeniero identifica un módulo que necesita actualizarse, abre una sesión con un agente, carga el módulo y le pide a Claude Code que lo refactorice. El agente genera una versión refactorizada. Esta versión refactorizada es internamente coherente. Incluso puede estar mejor estructurada que la original. Lo que no puede ser, en un módulo heredado sin documentación ni cobertura de pruebas exhaustiva, es verificablemente correcta.

El agente no comprendía la función del módulo a nivel de lógica de negocio. Tampoco, a menudo, el ingeniero. Ambos entendían la sintaxis del código. Su función en el contexto del sistema completo —las invariantes que mantiene, los contratos implícitos que satisface para quienes lo llaman y que no son inmediatamente visibles en el archivo, las decisiones del arquitecto original y sus motivos— es un vestigio de la organización que no reside en el código fuente.

Esta es precisamente la brecha que la documentación asistida por IA está diseñada para cerrar, y debe cerrarse antes de que comience la modernización, no después. Generar documentación después de la refactorización documenta el comportamiento refactorizado. Generar documentación antes de la refactorización documenta el comportamiento actual, que es la especificación que la modernización debe preservar.

El coste concreto de omitir esta fase es recuperable, pero elevado. Un equipo de ingeniería que refactoriza ocho módulos en un sprint de dos semanas utilizando cambios generados por agentes, descubre posteriormente en las pruebas de integración que dos módulos incumplían silenciosamente un contrato no documentado con un servicio dependiente, dedica la semana siguiente a diagnosticar y revertir cambios que la fase de documentación habría identificado como riesgosos antes de la primera sesión de refactorización. Estimación: entre 30 y 40 horas de trabajo de ingeniería evitables con entre cuatro y seis horas de generación de documentación y revisión humana por módulo afectado. Metodología: seguimiento retrospectivo de incidentes a partir de programas de modernización comparables en organizaciones de ingeniería de tamaño medio.

La fase de auditoría y documentación no es un gasto preparatorio. Es la actividad que transforma un código fuente heredado, que presenta riesgos desconocidos, en una base documentada que el equipo puede modificar con confianza, respaldada por evidencia. Omitirla no ahorra tiempo; lo pospone, con creces.

18.2 Fase uno: La auditoría: Entender lo que realmente tienes

La auditoría del código fuente asistida por IA genera tres artefactos: un mapa de dependencias, una clasificación de riesgos por módulo y una lista de contratos implícitos presentes en el código pero no documentados. Estos tres artefactos constituyen la base del plan de modernización. Sin ellos, el plan se basa en la memoria colectiva del equipo sobre un código fuente que no abarca por completo.

El mapa de dependencias se genera cargando la estructura del repositorio en una sesión de Opus 5 —el modelo de mayor capacidad documentado públicamente por Anthropic a agosto de 2026, apropiado en este caso porque la tarea de auditoría implica un razonamiento complejo sobre una gran base de código en lugar de una simple generación de código— y solicitándole que produzca un gráfico de dependencias a nivel de módulo: qué módulos importan de cuáles, cuáles tienen dependencias circulares y cuáles son fundamentales, en el sentido de que muchos otros dependen de ellos. El agente no necesita leer todos los archivos para producir un mapa útil; lee las declaraciones de importación y los manifiestos de los módulos. Para un repositorio de 500 000 líneas, esto requiere de una a dos horas de trabajo del agente en una sesión bien estructurada.

La clasificación de riesgo asigna cada módulo a una de tres categorías: seguro para modificar con la revisión estándar del agente, arriesgado para modificar y que requiere la intervención de un ingeniero sénior, o no modificar a la espera de un análisis más profundo. Los criterios de clasificación son tres: una cobertura de pruebas inferior al 40 % es automáticamente arriesgada, las dependencias circulares son automáticamente arriesgadas y los módulos que aparecen en más de 15 cadenas de importación en todo el repositorio son automáticamente no modificables a la espera de un análisis. El agente genera la clasificación inicial a partir del mapa de dependencias y los datos de cobertura. Un ingeniero sénior revisa y anula la clasificación cuando el conocimiento del dominio aporta contexto que el agente no puede inferir.

Los contratos implícitos son el artefacto más difícil de generar y el más valioso. Un contrato implícito es una expectativa de comportamiento que un módulo que llama tiene de un módulo llamado, la cual no se expresa en ninguna definición de interfaz, prueba o comentario, sino únicamente en el código del módulo que llama. El agente identifica los contratos implícitos al analizar el uso que el módulo que llama hace del módulo llamado e inferir sus suposiciones: qué tipos de retorno espera, qué condiciones de error maneja y en qué orden espera que se realicen las operaciones. Un ingeniero humano revisa cada contrato inferido para verificar su precisión. Algunos serán incorrectos. La mayoría serán correctos en su orientación y requerirán aclaración en lugar de rechazo. Los contratos que se confirman se convierten en la especificación que la modernización debe preservar.

Ejecute la auditoría antes de asignar cualquier tarea de modernización. El resultado de la auditoría es el requisito previo para la Fase Dos.

18.3 Fase dos — Documentación: Generación del registro que debería haber existido

La segunda fase toma los resultados de la auditoría y genera tres documentos: archivos de documentación a nivel de módulo, registros de decisiones arquitectónicas para las decisiones principales identificadas en la auditoría y un manifiesto de dependencias verificado por humanos. La distinción entre lo que requiere revisión humana y lo que el agente puede generar de forma fiable sin ella es la cuestión operativa que determina el ritmo de la segunda fase.

Claude Code, utilizando Sonnet 5, genera de forma fiable documentación precisa a nivel de módulo a partir únicamente del código fuente para módulos que cumplen tres requisitos: tener un propósito claro y único expresado en el código, no contener lógica de negocio que solo tenga sentido en un contexto histórico y no tener contratos implícitos que la auditoría haya identificado como no documentados. Para estos módulos, la documentación generada por el agente requiere que una persona la revise una vez para verificar su precisión y la apruebe. Tiempo estimado por módulo: quince minutos de revisión humana por cada dos horas de generación del agente.

La documentación generada por el agente requiere una revisión humana más minuciosa —y, para algunos contenidos, la autoría humana— en tres escenarios. Primero: módulos donde la lógica de negocio implementa reglas que existen debido a un requisito normativo, un contrato con el cliente o una decisión arquitectónica tomada hace años que el código no explica. El agente documentará lo que hace el código. Un humano debe agregar por qué lo hace de esa manera en lugar de cualquiera de las alternativas que el agente consideraría igualmente válidas. Segundo: módulos con contratos implícitos identificados en la auditoría. El agente puede describir el contrato tal como se expresa en el código; un ingeniero humano que entienda el sistema debe validar que la descripción sea completa y precisa. Tercero: módulos clasificados como riesgosos o que no deben modificarse en la Fase Uno. Su documentación es elaborada por un ingeniero sénior con el agente como asistente de redacción, no se produce de forma autónoma.

Los registros de decisiones arquitectónicas requieren la autoría humana, independientemente de la asistencia de agentes. Un ADR documenta el motivo de una decisión: las opciones consideradas, las restricciones aplicables y el razonamiento que llevó a la elección del enfoque. Un agente que lea el código actual puede inferir la decisión tomada, pero no puede inferir qué se consideró y se descartó, información crucial para que los futuros ingenieros eviten volver a debatir decisiones ya resueltas. Si los ingenieros que aún trabajan en la empresa recuerdan el contexto, conviene entrevistarlos. Si no existe memoria institucional, documente la decisión como "origen desconocido, comportamiento actual: [descripción]", lo cual resulta más útil que la especulación de un agente.

La verificación humana previa a la Fase Tres: cada módulo clasificado como de riesgo o que no debe modificarse cuenta con documentación revisada y aprobada antes de que cualquier sesión de modernización lo toque. Todo lo demás puede proceder en paralelo.

18.4 Fase tres: Modernización: La secuencia que reduce el riesgo en lugar de propagarlo.

El instinto que genera la mayoría de los fallos en la modernización de sistemas heredados consiste en empezar por el módulo más visible o más problemático. El servicio de facturación, el sistema de autenticación, el archivo de utilidades de 4100 líneas que todos saben que da problemas: estos son los módulos que la dirección señala en las revisiones trimestrales y que los ingenieros mencionan en las entrevistas de salida. También son los módulos con más contratos implícitos, menor cobertura de pruebas, un contexto histórico más complejo y un mayor impacto cuando algo falla.

Comenzar con el módulo más complejo maximiza el riesgo de las primeras etapas de modernización y minimiza la capacidad del equipo para aprender de los errores en un entorno de bajo riesgo. El punto de partida correcto es el opuesto: el módulo con la mayor cobertura de pruebas, la menor cantidad de dependencias, la documentación más clara de la Fase Dos y el menor impacto en caso de que la modernización produzca un error.

La secuencia de módulos de la lista de tareas pendientes, clasificada por riesgo, va de menor a mayor riesgo utilizando cuatro dimensiones de las fases de auditoría y documentación: cobertura de pruebas, número de dependencias, complejidad del contrato implícito y radio de impacto. Los módulos de menor riesgo dan lugar a las primeras sesiones de modernización, que desarrollan las habilidades del equipo en la especificación de tareas de los agentes en un entorno permisivo. Las lecciones aprendidas de estas sesiones —qué descripciones de tareas generan resultados fiables en este código, qué adiciones a CLAUDE.md previenen los tipos de errores que generan con mayor frecuencia los agentes de este equipo— se aplican a todas las sesiones posteriores antes de que lleguen a los módulos de alto riesgo.

Las operaciones de modernización específicas se aplican en un orden fijo por módulo, independientemente de su complejidad. Primero, la expansión de la cobertura de pruebas: antes de cualquier cambio estructural, una sesión del agente agrega pruebas al módulo, ampliando la cobertura con respecto al comportamiento actual documentado en la Fase Dos. Estas pruebas se convierten en el conjunto de pruebas de regresión que detecta los errores introducidos por la modernización posterior. Segundo, el análisis estático y la normalización de convenciones: cambios superficiales que adaptan el módulo a las convenciones organizativas actuales sin modificar la lógica. Estos cambios son de bajo riesgo y verifican que el agente pueda funcionar correctamente en el módulo antes de que maneje algo más importante. Tercero, la refactorización estructural, con el conjunto de pruebas del paso uno proporcionando la base de validación. Por último, la reducción de dependencias, después de que los cambios estructurales hayan simplificado el módulo hasta el punto en que las relaciones de dependencia sean claras en lugar de implícitas.

No omita el paso de expansión de pruebas. Un módulo con una cobertura del 22 % al inicio de la modernización y del 22 % después de la misma ha sido sometido a una revisión de conformidad de patrones, no a una modernización. La expansión de pruebas es lo que convierte la modernización de un cambio superficial en una modernización verificable.

18.5 Medir el progreso de una manera que tenga sentido para su junta directiva.

La reducción de la deuda técnica, la mejora de la cobertura de pruebas y el aumento de la frecuencia de despliegue son las métricas de modernización adecuadas. Cada una puede traducirse a un lenguaje financiero u operativo que el consejo de administración comprenda. Esta traducción requiere una metodología específica para cada métrica, aplicada de forma consistente durante todo el período de medición, de modo que el consejo pueda observar cifras comparables en lugar de cambios de metodología disfrazados de progreso.

La reducción de la deuda técnica como cifra de coste utiliza el enfoque del coste de remediación de defectos: se calcula el coste medio de ingeniería para resolver un defecto de producción en el período previo a la modernización (tiempo para identificar, reproducir, corregir e implementar) y se multiplica por la reducción en la tasa de defectos atribuible a los módulos modernizados. Metodología: se compara la tasa de defectos en los módulos modernizados en los 90 días posteriores a la modernización con la tasa de defectos en esos mismos módulos en los 90 días previos a la modernización, multiplicada por el coste de ingeniería cargado por hora de defecto. Una organización de ingeniería de tamaño medio con un salario anual medio totalmente cargado de 85 000 €, un tiempo medio de resolución de defectos de 60 horas (estimación basada en datos de seguimiento del tiempo de organizaciones SaaS comparables) y una reducción del 30 % en la tasa de defectos en los módulos modernizados se traduce en aproximadamente 2450 € ahorrados por defecto evitado. Con 20 defectos evitados por trimestre: 49 000 € por trimestre en costes de remediación evitados. Esta es una estimación; indíquelo como tal en cualquier documento de la junta directiva y proporcione la metodología.

El aumento de la cobertura de pruebas como indicador de reducción de riesgos relaciona los puntos porcentuales de cobertura de pruebas con la probabilidad de incidentes. El marco relevante para una junta directiva es el siguiente: cada punto porcentual de aumento en la cobertura de pruebas en módulos clasificados como riesgosos reduce la probabilidad de una regresión no detectada en esos módulos en un X por ciento estimado. El valor de X requiere un cálculo de calibración a partir del historial de incidentes de la propia empresa: qué porcentaje de incidentes de producción en los últimos 12 meses fueron detectados por las pruebas antes de llegar a producción, en comparación con los detectados durante la producción. La mejora en la cobertura se puede presentar entonces como: "Pasamos de detectar un Y por ciento de regresiones antes de la producción a un Z por ciento".

La mejora en la frecuencia de implementación es la métrica más clara para un consejo de administración no técnico. Si la frecuencia de implementación del servicio de facturación aumenta de una vez al trimestre a dos veces al mes tras la modernización —porque ahora los ingenieros pueden modificarla con confianza—, el impacto en el negocio se traduce en una respuesta más rápida a los cambios normativos, correcciones más rápidas de errores de facturación que afectan al reconocimiento de ingresos y una entrega más ágil de funcionalidades en el servicio más crítico para el negocio. Presente el cambio de frecuencia con un ejemplo concreto de una modificación que habría tardado seis semanas en el sistema anterior a la modernización y cuatro días en el sistema posterior.

Manual de modernización de sistemas heredados y plantilla de lista de tareas pendientes clasificada por riesgo

> El ingeniero sénior completa la información a partir de los resultados de la auditoría. El director de ingeniería la revisa antes de que comience cualquier sesión de modernización.

Sección A — Principios de secuenciación de la modernización

Operación	Orden	No puede comenzar hasta
Ampliación de la cobertura de pruebas	1.º para cada módulo	Documentación de la fase 2 revisada y aprobada
Normalización de convenciones	2º	La expansión de pruebas se fusionó y la integración continua (CI) quedó en verde.
Refactorización estructural	3.º	Normalización de convenciones fusionada
Reducción de la dependencia	Último	Refactorización estructural revisada por un ingeniero sénior

Sección B — Lista de módulos pendientes clasificados por riesgo

> Califique cada dimensión de 1 (riesgo bajo) a 3 (riesgo alto). Ordene por puntuación total ascendente: las puntuaciones más bajas se actualizan primero.

Módulo	Puntuación de cobertura de la prueba	Puntuación de recuento de dependencias	Puntuación del contrato implícito	Puntuación del radio de explosión	Total	Fase
___	1/2/3	1/2/3	1/2/3	1/2/3	___	___
___	1/2/3	1/2/3	1/2/3	1/2/3	___	___

> Clave de puntuación:
>
> Cobertura de la prueba: 1 = superior al 60%, 2 = entre el 40% y el 60%, 3 = inferior al 40%
>
> Número de personas a cargo: 1 = menos de 5 personas a cargo, 2 = entre 5 y 15, 3 = más de 15
>
> Contratos implícitos: 1 = ninguno identificado, 2 = 1–3 confirmados, 3 = más de 3 o sin resolver
>
> Radio de impacto: 1 = fallo del servicio contenido, 2 = impacto en varios servicios, 3 = impacto en los ingresos o en la atención al cliente.

Sección C — Métricas de progreso de la junta directiva

Métrico	Línea de base (premodernización)	Actual	Metodología
Tasa de defectos en módulos modernizados (por sprint)	___	___	Rastreador de incidencias, vinculado al módulo

Métrico	Línea de base (premodernización)	Actual	Metodología
Coste estimado de subsanación evitado (por trimestre)	_	€__	Reducción de la tasa × costo cargado por hora de defecto
Cobertura de pruebas en módulos modernizados	___%	___%	Exportación de la herramienta de cobertura
Frecuencia de despliegue: servicio de facturación	___ por trimestre	___ por mes	Registro de despliegue

> Actualizar mensualmente. Presentar una comparación trimestral a la junta directiva. Etiquetar todas las estimaciones de costos como tales, indicando la metodología empleada.

— CAPÍTULO 19 —

PUERTAS DE CALIDAD Y EL CAMINO HACIA LA PRODUCCIÓN

Cómo detectar errores generados por IA sin crear un cuello de botella que anule todas las ganancias de productividad.

El informe de incidentes se presentó un jueves. Un error en el cálculo de precios llevaba once días en producción antes de que un cliente lo detectara. La solución tardó cuarenta minutos. La solicitud de cambio que la introdujo superó todas las comprobaciones automatizadas: pruebas unitarias y de integración correctas, análisis de seguridad limpio y cobertura del 74 %. El ingeniero revisor la aprobó en doce minutos.

El error no estaba en las pruebas, sino en la lógica de negocio. El agente había implementado un cálculo de descuento que, si bien era aritméticamente correcto y cumplía con las convenciones, era precisamente erróneo: aplicaba una reducción porcentual antes de impuestos en lugar de después, que era el comportamiento habitual en todos los demás módulos de precios del código. Las pruebas existentes no contemplaban el requisito del orden de los impuestos porque nadie lo había implementado incorrectamente antes; este orden era conocimiento implícito de la organización, ausente en cualquier prueba o documentación.

Once días. Todas las puertas superadas. Un crítico. Doce minutos.

Las compuertas se activaron porque estaban diseñadas para detectar patrones de error humano. Este era un patrón de error del agente, y el sistema no tenía ninguna compuerta para ello.

19.1 ¿Qué cambia en su canalización de CI/CD cuando la IA genera partes significativas del código que se está fusionando?

Cuando el desarrollo basado en agentes se convierte en el método dominante de generación de código en su organización de ingeniería, cambian tres aspectos: el volumen de salida, la distribución de errores y la relación del ingeniero revisor con el código. Cada cambio requiere un ajuste específico en el flujo de trabajo. Aplicar un flujo de trabajo de 2024 al volumen de salida y los patrones de error de 2026 produce el fallo en el cálculo de precios descrito anteriormente, no porque el flujo de trabajo sea deficiente, sino porque nunca se diseñó para lo que ahora procesa.

El volumen de producción es el cambio más visible de inmediato. Un equipo de 25 personas que genera entre 80 y 120 PR por semana en una canalización diseñada para 40 PR por semana se pondrá en cola, lo que provocará retrasos en la retroalimentación que crearán sus propios problemas. Los ingenieros que esperan 45 minutos por los resultados de CI abren nuevas sesiones de agente. Más sesiones producen más PR. La cola crece. La solución no es solo hardware más rápido, sino la paralelización de la canalización y, más importante aún, una capa de triaje que determine qué PR requieren la ejecución completa de la canalización y cuáles pueden continuar a través de una secuencia abreviada según el perfil de riesgo. La sección 19.3 cubre la calibración del perfil de riesgo. El cambio en la arquitectura de la canalización la precede: agregar un paso de clasificación de riesgo al abrir la PR que dirija cada PR a la secuencia de puerta apropiada antes de que se ejecute la canalización completa.

La distribución de errores cambia de maneras que las comprobaciones automatizadas existentes no detectan. Los ingenieros humanos producen errores que se agrupan en torno a requisitos mal interpretados, lógica errónea y casos límite en estructuras condicionales complejas. Estos son precisamente los tipos de errores que las pruebas unitarias, los analizadores estáticos y el análisis de código están diseñados para detectar. Los errores de los agentes se agrupan de manera diferente: aparecen en los límites de las convenciones implícitas, en umbrales de lógica de negocio no codificados en ninguna especificación formal y en puntos de integración donde dos implementaciones correctas son mutuamente incompatibles. Las herramientas automatizadas estándar no detectan casi ninguno de estos errores.

Las adiciones específicas al pipeline que abordan la distribución de errores del agente son dos. Primero, una verificación de convenciones que va más allá del análisis estático: no solo la sintaxis y el formato, sino una comparación del enfoque de implementación de la PR con el patrón establecido en los tres módulos existentes más similares en el código base. Esta verificación se puede automatizar usando Sonnet 5 como revisor: cargar los tres módulos análogos más cercanos como contexto, cargar la diferencia de la PR, preguntar si el enfoque de implementación coincide con el patrón establecido y marcar las discrepancias para su revisión humana. Agrega aproximadamente 90 segundos al pipeline para una PR de tamaño moderado. Segundo, una verificación de límites de integración que examina específicamente cualquier código que toque contratos de servicio, utilidades compartidas o llamadas a API externas y los valida con la especificación de contrato actual del almacén de contratos compartidos en el Capítulo 17.

La relación del ingeniero revisor con el código cambia de autora a evaluativa, con importantes consecuencias para el diseño del proceso de revisión. Un ingeniero que revisa su propio código razona desde la intención: sabe lo que intentaba hacer y comprueba si el código lo logra. Un ingeniero que revisa la salida de un agente razona desde la evidencia: debe determinar qué hace el código y si coincide con la intención de la tarea. El cambio en la habilidad de revisión es real y requiere de cuatro a ocho semanas para desarrollarse por completo. Durante ese período de calibración, la profundidad de la revisión para la salida generada por el agente requiere más tiempo por solicitud de cambio que para la salida de autoría humana de complejidad equivalente. Las estimaciones de tiempo del proceso deben basarse en esta realidad, no en el estado estable final.

19.2 Los cinco criterios de calidad que importan y los diez que generan falsa confianza

Cinco compuertas aplicadas de forma consistente generan una señal de calidad fiable para el código generado por el agente. Las compuertas restantes, presentes en la mayoría de las configuraciones de CI/CD, añaden latencia y generan una falsa sensación de seguridad al mostrar marcas de verificación verdes que no corresponden a una validación significativa.

Primer paso: verificación de la intención. Antes de que se ejecute cualquier verificación automatizada, la descripción de la solicitud de extracción (PR) debe responder a tres preguntas: ¿qué se supone que debe hacer este cambio?, ¿qué no cambia explícitamente? y ¿qué descripción de tarea se le proporcionó al agente? Esto no es documentación por el mero hecho de documentar. La declaración de intención es el criterio con el que el revisor calibra su evaluación. Una solicitud de extracción generada por el agente sin una declaración de intención es un cambio que podría ser correcto para cualquier número de tareas; el revisor no tiene un punto de referencia para determinar si la implementación coincide con la intención.

Puerta dos: análisis de seguridad dirigido a patrones de error del agente. Las herramientas SAST estándar detectan firmas de vulnerabilidad conocidas. Añada una comprobación dirigida específicamente a los tres patrones de seguridad propios del agente que las herramientas estándar no tienen en cuenta: valores de configuración codificados que deberían ser variables de entorno, ampliación del alcance de los permisos donde la implementación solicita un acceso mayor del que requiere la tarea, y manejadores de errores que ignoran las excepciones en lugar de registrarlas y propagarlas. Estos tres patrones aparecen en el código generado por el agente con mayor frecuencia que en el código escrito por humanos y no se encuentran en la mayoría de los conjuntos de reglas de los escáneres de seguridad estándar.

Tercera etapa: umbral de cobertura de pruebas, con una salvedad. El porcentaje de cobertura es un requisito necesario, pero no suficiente. Establezca el umbral en el mínimo de la organización (normalmente entre el 60 y el 70 % en archivos modificados) y exija, además, que la solicitud de extracción incluya al menos una prueba que cubra la lógica de negocio específica que implementa el cambio. Una solicitud de extracción que mejora la cobertura añadiendo pruebas para el código existente e introduciendo lógica nueva sin probar supera la etapa del umbral de cobertura, pero no cumple con el requisito de cobertura de la lógica de negocio. El requisito adicional detecta este patrón automáticamente.

Cuarto paso: comprobación de compatibilidad de integración. Cualquier solicitud de extracción (PR) que modifique código que afecte a un límite de servicio, un cliente de API externo o una utilidad compartida activa una validación automática según la especificación del contrato vigente. Este paso se ejecuta únicamente en las PR marcadas como de integración, que suelen representar entre el 20 % y el 30 % de las PR generadas por el agente, según estimaciones de la composición del código base de repositorios medianos similares. Aplicarlo universalmente añade una latencia innecesaria a las PR que no tienen una superficie de integración.

Quinta etapa: aprobación por parte de un revisor humano mediante la lista de verificación de resultados del agente del Capítulo 12. La lista incluye tres preguntas: ¿coincide el enfoque de implementación con el patrón establecido en módulos análogos?, ¿puede el revisor explicar en dos frases qué hace el código y por qué el enfoque es correcto?, e ¿identifica el revisor alguna suposición lógica de negocio implícita que las pruebas no cubran? Un revisor que no pueda responder afirmativamente a las tres preguntas no aprueba la solicitud de extracción (PR). La lista de verificación se encuentra en la interfaz de revisión de la PR, no en un documento aparte.

Las compuertas que generan una falsa confianza comparten una característica común: validan propiedades del código que son necesarias pero ajenas a los modos de fallo reales de la salida generada por el agente. Las comprobaciones del formato de los mensajes de confirmación, las verificaciones de las convenciones de nomenclatura de archivos, las comprobaciones del orden de importación, las comprobaciones de la presencia de cadenas de documentación: todas producen marcas de verificación verdes, pero ninguna detecta el error en la lógica de precios. Inclúyalas para mejorar la higiene del código, no como indicadores de calidad. Elimínelas del informe de calidad que se comparte con las partes interesadas.

19.3 Calibración de controles automatizados frente a revisión humana según el perfil de riesgo

No todas las solicitudes de cambio (PR) deben seguir la misma secuencia de verificación. Aplicar la misma verificación a todas las PR implica que tanto la actualización de la cadena de documentación como el cambio en el procesamiento de pagos se someten al mismo nivel de escrutinio. Esto resulta en una revisión excesiva de la actualización de la cadena de documentación y una revisión insuficiente del cambio en el procesamiento de pagos, en relación con sus perfiles de riesgo reales. La calibración aplica el nivel de validación adecuado a cada PR según sus características específicas.

Cuatro dimensiones determinan el perfil de riesgo de una PR. El radio de explosión es el alcance del impacto si el cambio contiene un error: un cambio en una utilidad compartida utilizada por cuarenta módulos tiene un radio de explosión mayor que un cambio en una función auxiliar de un solo uso. La reversibilidad es la facilidad con la que se puede deshacer el cambio sin consecuencias en cascada: una nueva bandera de características es altamente reversible, una migración de datos no lo es. La exposición al cumplimiento es si el cambio afecta al código cubierto por los requisitos regulatorios: actividades de procesamiento del artículo 5 del RGPD, lógica de informes financieros, gestión del consentimiento. El impacto arquitectónico es si el cambio altera la estructura del módulo, introduce nuevas dependencias o modifica los contratos de servicio.

Cada dimensión se puntúa como alta, media o baja, lo que genera un perfil de riesgo compuesto que se corresponde con una secuencia de puertas. Una solicitud de cambio (PR) con una puntuación baja en las cuatro dimensiones solo pasa por las puertas automatizadas y requiere un único revisor. Una PR con una puntuación alta en cualquiera de las dimensiones requiere la secuencia completa de cinco puertas y la aprobación de un ingeniero sénior. Una PR con una puntuación alta en exposición al cumplimiento requiere, además, un comentario del Responsable de Protección de Datos (DPO) antes de la fusión, independientemente del estado de la revisión técnica. Este no es un requisito general de revisión del DPO, sino que está dirigido al tipo de cambio específico que genera las obligaciones de tratamiento del artículo 5 del RGPD.

El paso de evaluación de riesgos añade aproximadamente cinco minutos por solicitud de extracción (PR), el tiempo que tarda un ingeniero en completar el formulario de riesgo de cuatro preguntas al abrir la PR. Automatice lo que pueda automatizarse: el radio de impacto puede estimarse a partir del número de otros módulos que importan el archivo modificado (obtenido del mapa de dependencias del código base), y la exposición al incumplimiento puede marcarse automáticamente para cualquier PR que modifique archivos que coincidan con los patrones de ruta de cumplimiento de la lista de exclusión del Capítulo 16. Las dos dimensiones que requieren juicio humano —reversibilidad e impacto arquitectónico— permanecen en el formulario de la PR.

La calibración reduce considerablemente la carga de trabajo en el pipeline. Si el 60 % de las solicitudes de compra (PR) presentan un bajo riesgo en las cuatro dimensiones y se procesan mediante secuencias de control abreviadas, la cola completa del pipeline se reduce a menos de la mitad. Los revisores sénior se asignan al 15 % o 20 % de las solicitudes de compra donde su criterio es realmente necesario, en lugar de distribuirse uniformemente entre todas.

19.4 Manejo de código generado por IA que pasa todas las pruebas y aún así es incorrecto

El modo de fallo que los marcos de control de calidad existentes no abordan es la implementación, semánticamente correcta, sintácticamente válida y conforme a las convenciones, de un comportamiento erróneo. El cálculo de precios del inicio del capítulo es el ejemplo paradigmático: todas las propiedades formales del código eran correctas, y el código hacía exactamente lo que implicaba la descripción de la tarea del agente. La descripción de la tarea no especificaba el orden de los impuestos. El código era erróneo.

Este modo de fallo tiene tres variantes. Los errores de lógica de negocio se producen cuando el agente implementa una regla que es válida en general, pero incorrecta para este dominio específico. La lógica aritmética y condicional suele ser correcta; la regla de negocio que implementan no lo es, porque las reglas de negocio no están completamente codificadas en una única ubicación que el agente pueda leer. Los errores de coherencia arquitectónica se producen cuando la implementación del agente es internamente correcta, pero inconsistente con un enfoque establecido en otra parte del código fuente; no se trata de una violación de convención detectable, sino de una inconsistencia de diseño que generará confusión y problemas de mantenimiento. Los errores de interfaz de integración se producen cuando la implementación del agente cumple las pruebas del servicio que está modificando, pero produce una salida que no coincide con lo que realmente necesitan los servicios dependientes.

Ninguno de estos problemas se detecta con las herramientas automatizadas estándar. Requieren la intervención humana en un punto específico del proceso de revisión: después de que el revisor haya confirmado la corrección técnica y antes de su aprobación.

La extensión de revisión de tres preguntas de Gate Five aborda esto directamente. "¿Coincide el enfoque de implementación con el patrón establecido en módulos análogos?" detecta errores de coherencia arquitectónica. "¿Puede el revisor explicar en dos oraciones qué hace el código y por qué el enfoque es correcto?" detecta errores de lógica de negocio: un revisor que no puede articular la regla de negocio que implementa el código no ha evaluado si es la regla correcta. "¿Identifica el revisor alguna suposición implícita de lógica de negocio que las pruebas no cubren?" detecta errores de interfaz de integración y la clase restante de suposiciones de negocio no probadas.

El fallo en el ordenamiento de impuestos se habría detectado con la tercera pregunta. Las pruebas cubrían el cálculo, pero no el supuesto de ordenamiento. Un revisor al que se le pidiera identificar supuestos de lógica empresarial no probados en un cálculo de precios, en la mayoría de los casos, detectaría que las pruebas no verifican el ordenamiento antes o después de impuestos, ya que se trata de una regla de negocio, y la tercera pregunta está diseñada para revelar precisamente las reglas de negocio.

El tiempo adicional de revisión por PR para el proceso de tres preguntas es de aproximadamente ocho minutos para un cambio de complejidad moderada, según el seguimiento informal del tiempo de los equipos que han adoptado listas de verificación de revisión estructuradas. Esto es tres minutos más que la revisión de doce minutos que aprobó el cambio de precios. El incidente de producción de once días requirió aproximadamente 40 horas de investigación, comunicación y remediación por parte de los equipos de ingeniería y éxito del cliente, según la estimación basada en los registros de tiempo retrospectivos del incidente. La aritmética es sencilla.

19.5 Plantilla de arquitectura de control de calidad y lista de verificación de integración CI/CD

> Complete esta plantilla antes del lanzamiento de la Fase 3. El responsable de ingeniería y el CISO la revisarán antes de que se active la secuencia de puertas.

Sección A — Secuencia de puertas según el perfil de riesgo

Perfil de riesgo	Secuencia de puertas	Requisito del revisor	Tiempo máximo de la tubería
Las cuatro dimensiones Baja	Puertas 1, 3, 5 (abreviadas)	Un único evaluador, de cualquier nivel.	20 minutos
Cualquier dimensión Mediano	Puertas 1, 2, 3, 4, 5	Revisor único, preferiblemente senior.	35 minutos
Cualquier dimensión alta	Puertas 1, 2, 3, 4, 5	Se requiere ingeniero sénior	45 minutos
Exposición al cumplimiento normativo Alta	Puertas 1, 2, 3, 4, 5 + comentario de DPO	Ingeniero sénior + Responsable de Protección de Datos	Máximo 60 minutos; SLA de DPO: 24 horas

Sección B — Definiciones de puertas de enlace e integraciones de herramientas

Puerta	Qué comprueba	Nivel de automatización	Herramienta/Método	Superar umbral
1 — Verificación de intención	Descripción exhaustiva de la solicitud de extracción: descripción de la tarea, alcance, exclusiones.	Semiautomatizado: la plantilla de PR aplica los campos; un humano confirma la exactitud.	Campos obligatorios de la plantilla de solicitud de compra	Los tres están pr y no vacíos.
2 — Escaneo de seguridad (dirigido al agente)	Configuraciones codificadas, ampliación del ámbito de permisos, manejo silencioso de excepciones	Totalmente automatizado	Reglas personalizadas en la herramienta SAST existente + comprobación de patrones de Sonnet 5	Cero h en grave
3 — Umbral de cobertura de la prueba	Cobertura en archivos modificados + prueba de lógica de negocio presente	Totalmente automatizado	Herramienta de cobertura (Istanbul, Coverage.py, etc.) + verificación de la descripción de la prueba	≥ 60 archivos modifica prueba c de nego cada función.
4 — Compatibilidad de integración	Cumplimiento contractual en los límites del servicio	Totalmente automatizado para archivos marcados	Validación del esquema del contrato en el almacén de contratos compartido	Cero incumpli de contr
5 — Aprobación de	Lista de verificación de	Humano: lista de verificación en la	Plantilla de lista de verificación de	Las pregunta

Puerta	Qué comprueba	Nivel de automatización	Herramienta/Método	Superar umbral
la revisión humana	tres preguntas: coincidencia de patrones, explicación de dos oraciones, identificación de supuestos no comprobados.	interfaz de relaciones públicas	revisión en la herramienta de revisión de relaciones públicas	fueron respond afirmati por el calificad

Sección C — Formulario de puntuación de riesgos (añadido a la plantilla de PR)

> ```
>
> Perfil de riesgo: completo al abrir el PR:
>
> Radio de explosión (módulos que importan archivos modificados: se rellena automáticamente): ___
>
> [ ] Bajo (< 5) [ ] Medio (5–15) [ ] Alto (> 15)
>
> Reversibilidad:
>
> [ ] Bajo riesgo: indicador de características, cambio aditivo, sin modificación de datos
>
> [ ] Riesgo medio: cambio de lógica, modificación de la configuración
>
> [ ] Alto riesgo: migración de datos, cambio de estado irreversible
>
> Exposición al incumplimiento normativo:
>
> [ ] Ninguno: no hay archivos que coincidan con los patrones de ruta de cumplimiento

[ ] Presente: archivos que coinciden con los patrones de cumplimiento (marcados automáticamente)

Impacto arquitectónico:

[ ] Ninguno: cambio de implementación dentro de la estructura existente

[ ] Presente: nueva dependencia, contrato de servicio modificado o cambio estructural

```

### Sección D — Lista de verificación de integración CI/CD

☐ Plantilla de PR actualizada con campos de verificación de intención y formulario de puntuación de riesgo

☐ Pipeline configurado para leer el perfil de riesgo y dirigirlo a la secuencia de puerta apropiada.

☐ Autocompletado del radio de explosión conectado al mapa de dependencias del código fuente

☐ Coincidencia de patrones de ruta de cumplimiento configurada en la canalización (patrones del Capítulo 16, Sección B)

☐ Se han añadido reglas SAST dirigidas a agentes a la herramienta de análisis de seguridad existente.

☐ Herramienta de cobertura configurada para informar por archivo modificado además del total

☐ Paso de validación de contrato integrado para archivos que coinciden con los patrones de límites de integración

☐ Se agregó una lista de verificación de revisión de tres preguntas a la interfaz de revisión de PR.
```

> ☐ Se ha configurado un activador de notificación de DPO para las solicitudes de compra marcadas como de cumplimiento.
>
> ☐ Se supervisa el tiempo de ejecución del oleoducto; se activa una alerta si el tiempo promedio de ejecución completa del oleoducto supera los 50 minutos.
>
> Revise esta plantilla trimestralmente. Ajuste los umbrales en función de los datos de tasa de defectos del marco de medición del Capítulo 7.

— CAPÍTULO 20 —

INGENIERÍA DE ARRASTRE — PATRONES AVANZADOS

Más allá del arnés de cuatro capas: componible, comprobable y con control de versiones.

Seis meses después de su lanzamiento general, la directora de ingeniería realizó una auditoría de los arneses. Lo que encontró no era un arnés, sino doce variaciones de un mismo arnés, una por equipo, ensambladas de forma independiente después de que los ingenieros consideraran que la configuración original era insuficiente para sus tareas específicas y la modificaran sin un proceso de revisión ni un registro de los cambios.

El equipo de la plataforma había añadido tres ganchos personalizados que no estaban en el diseño original. Dos de ellos se habían eliminado en algún momento; esta eliminación no quedó registrada en el historial de confirmaciones porque los ganchos se encontraban en un archivo de configuración fuera del control de versiones. El equipo de pagos había ampliado sus límites de permisos tres veces desde el lanzamiento. Los límites actuales eran más amplios que los originales por un factor que nadie pudo precisar, ya que los cambios se habían acumulado sin una revisión formal.

El análisis de seguridad realizado sobre el estado actual del sistema arrojó ocho resultados. Cuatro correspondían a configuraciones introducidas durante la primera semana de disponibilidad general y que nunca se habían revisado. Los cuatro restantes se debían a modificaciones puntuales realizadas durante los cinco meses siguientes.

El arnés original de cuatro capas era sólido. Lo que le sucedió fue la falta de una arquitectura que previera cómo evolucionaría.

20.1 Aprovechar los componentes que se adaptan al tipo de tarea, al nivel de riesgo y al contexto del equipo.

Un arnés estático aplica la misma configuración a todas las tareas de agentes, independientemente de qué hagan, quién las ejecute o cuál sea el perfil de riesgo del área de código correspondiente. Esto es apropiado durante las primeras cuatro a seis semanas de implementación, cuando la organización necesita una base estable para aprender. Sin embargo, deja de ser apropiado cuando la composición de tareas del equipo se diversifica y la configuración única resulta, a la vez, demasiado restrictiva para las tareas de bajo riesgo e insuficiente para las de alto riesgo.

Los componentes de arnés adaptativo seleccionan su comportamiento en función de tres dimensiones de entrada: tipo de tarea, nivel de riesgo y contexto del equipo. El tipo de tarea se obtiene del registro de tareas presentado en el Capítulo 12: refactorización, expansión de pruebas, documentación, investigación de errores y otras categorías recurrentes que su organización haya identificado. El nivel de riesgo corresponde al radio de impacto y la clasificación de exposición al cumplimiento del Capítulo 19. El contexto del equipo es el identificador del equipo y la jerarquía CLAUDE.md asociada que rige las sesiones de ese equipo.

La implementación consiste en un resolvedor de configuración que se ejecuta al inicio de la sesión. Recibe las tres dimensiones de entrada y genera la configuración del arnés específica de la sesión: conjunto de permisos, ganchos activos, requisitos de aislamiento y nivel de registro de auditoría. El resolvedor no es un árbol de decisiones con docenas de ramas, sino una matriz de configuración con tres ejes y una salida definida para cada combinación válida. Una tarea de refactorización en un módulo de bajo riesgo, ejecutada por el equipo de la plataforma, produce una configuración. Una investigación de errores en un módulo sensible al cumplimiento, ejecutada por el mismo equipo, produce una diferente. La diferencia no reside en la arquitectura del arnés, sino en los valores específicos que aplica el resolvedor.

El beneficio concreto es cuantificable. Un equipo donde cada sesión se ejecuta con el máximo nivel de permisos y registro incurre en un costo adicional de contexto estimado entre el 15 y el 25 por ciento de la utilidad de la sesión, en comparación con un equipo donde los permisos y el registro se ajustan al riesgo real de la tarea. Metodología: presupuesto de contexto consumido por el registro de auditoría y las operaciones de verificación de permisos en relación con el contexto de la tarea productiva, estimado a partir del análisis del registro de sesiones en equipos de tamaño similar. Ese 15 a 25 por ciento de contexto recuperado en sesiones de bajo riesgo es contexto disponible para el trabajo de la tarea.

El modo de fallo de los arneses no adaptativos es el patrón de solución alternativa: los ingenieros que consideran que una configuración uniformemente restrictiva limita demasiado las tareas legítimas de bajo riesgo comienzan a deshabilitar componentes en lugar de solicitar la calibración. La deshabilitación se produce de forma informal porque no existe un proceso formal para solicitar una configuración adecuada para la tarea. En un plazo de tres meses, un porcentaje significativo de sesiones se ejecuta con componentes del arnés deshabilitados que se deshabilitaron por razones legítimas una vez y no se han vuelto a habilitar desde entonces. Desarrolle el resolvedor adaptativo antes de que comience el patrón de solución alternativa.

20.2 Composición de arneses: Combinación de componentes sin crear dependencias frágiles

Un arnés componible es aquel cuyos componentes pueden combinarse, reemplazarse y ampliarse sin necesidad de modificar otros componentes. Lo contrario es un arnés en el que cambiar un componente requiere verificar y, a menudo, modificar todos los demás; lo que los ingenieros denominan un monolito con pasos adicionales.

El principio arquitectónico que distingue la componibilidad de la fragilidad es la estabilidad de la interfaz. Cada componente de arnés expone una interfaz definida: las entradas que acepta, las salidas que produce y los eventos que dispara. Un componente de permisos que acepta un objeto de contexto de tarea y devuelve un conjunto de permisos aprobado, independientemente de cómo lo determine internamente, puede reemplazarse con una implementación alternativa sin modificar ningún componente de enlace, aislamiento o memoria. Un componente de permisos que llama directamente al sistema de enlaces para validar los permisos antes de devolverlos crea una dependencia que obliga a realizar cambios en el sistema de enlaces para su reemplazo.

Tres reglas de diseño dan como resultado un arnés componible. Primero: ningún componente llama directamente a otro. Toda la comunicación entre componentes pasa a través de un bus de eventos del arnés, un mecanismo simple de publicación-suscripción donde los componentes emiten eventos y se suscriben a ellos sin referencias directas entre sí. Un componente de enlace que se activa después de escribir un archivo emite un evento `file_write_completed` con los metadatos relevantes. El componente de registro de auditoría se suscribe a ese evento y escribe la entrada de registro. Al componente de enlace no le importa si el registro de auditoría está habilitado. Segundo: la configuración de los componentes es autónoma. Cada componente lee su propia configuración de su propia sección del archivo de configuración del arnés. No lee las secciones de configuración de otros componentes. Tercero: los componentes tienen modos de fallo definidos. Cuando un componente no puede realizar su función, emite un evento de fallo específico en lugar de devolver silenciosamente un valor predeterminado o lanzar una excepción no controlada. Otros componentes que dependen de la ejecución correcta del componente que falla reciben el evento de fallo y lo gestionan explícitamente.

La prueba de componibilidad se basa en la sustitución: tome cualquier componente de su sistema actual y pregúntese si puede reemplazarlo con una implementación alternativa modificando únicamente su archivo de configuración y su código, sin alterar ningún otro componente. Si la respuesta es afirmativa para cada componente individualmente, el sistema es componible. Si la sustitución de algún componente requiere modificar otros, existe una dependencia que debe eliminarse antes de que el sistema siga creciendo.

La componibilidad cobra mayor importancia a los ocho meses, no a los dos. Un arnés de dos componentes es fácil de entender, independientemente de si es componible o no. Un arnés de catorce componentes que no es componible es un sistema donde ningún ingeniero comprende el mapa de interacción completo, y donde cada cambio conlleva el riesgo de producir un comportamiento inesperado en un componente con el que el ingeniero desconocía su conexión.

20.3 Probando su arnés: El enfoque de validación que la mayoría de los equipos omiten

Las pruebas de configuración son una práctica de validación que la mayoría de las organizaciones de ingeniería omiten por completo. El razonamiento suele ser que la configuración es, no el código, y que la configuración no necesita pruebas. Este razonamiento es erróneo en un sentido específico y costoso: la configuración determina qué puede hacer el agente, qué se verifica antes y después de su acción, y qué contiene el registro de auditoría. Cuando la configuración es incorrecta, el agente opera fuera de sus límites previstos sin generar un error. El fallo es silencioso. Las pruebas son el mecanismo que lo hace audible.

Cuatro categorías de pruebas abarcan los comportamientos relevantes del arnés. Las pruebas de límites de permisos verifican que el componente de permisos apruebe las acciones que debería aprobar y rechace las que debería rechazar. Cada regla de permisos en la configuración se convierte en una prueba: una sesión con tipo de tarea X en la categoría de módulo Y debería tener permiso para escribir en el patrón de archivo Z y no en el patrón de archivo W. Estas pruebas se ejecutan sin un agente real: envían solicitudes sintéticas de verificación de permisos al componente de permisos y verifican las respuestas. Una inversión de veinte minutos en pruebas de límites de permisos previene incidentes en los que un agente accede a archivos fuera de su ámbito configurado debido a que un cambio de configuración amplió inadvertidamente sus permisos.

Las pruebas de activación de ganchos verifican que los ganchos de preacción y postacción se activen en los eventos para los que están configurados y no en eventos para los que no deberían. Un gancho de preacción configurado para ejecutarse antes de cualquier escritura en rutas sensibles al cumplimiento debe activarse al escribir en /src/billing/invoice.py y no al escribir en /src/utils/format.py . Verifique tanto el caso positivo como el negativo. Un gancho que se activa universalmente cuando está configurado para activarse selectivamente agrega latencia a cada acción. Un gancho que no se activa en el evento desencadenante para el que fue diseñado no proporciona la protección para la que fue diseñado.

Las pruebas de verificación de aislamiento confirman que el aislamiento de sesión funciona correctamente: que la modificación de un archivo en un árbol de trabajo no afecta el estado de una segunda sesión concurrente, y que una sesión que opera en un entorno de desarrollo no puede acceder a los recursos de preproducción o producción. Estas pruebas requieren dos sesiones de prueba concurrentes y un paso de verificación que lee el mismo archivo de ambas. Al sexto mes de la implementación, ejecute las pruebas de aislamiento mensualmente; la desviación del aislamiento de la Sección 13.4 puede deteriorar esta propiedad sin producir errores visibles.

Las pruebas de comportamiento de recuperación verifican que los procedimientos de recuperación del sistema produzcan el estado esperado cuando una sesión finaliza de forma anómala. Una sesión que se interrumpe a mitad de su ejecución debería dejar el sistema de archivos en un estado que el procedimiento de recuperación pueda identificar, documentar y restaurar a una línea base conocida. Ejecute estas pruebas trimestralmente en un entorno aislado. El procedimiento que funciona en teoría pero que nunca se ha probado en la práctica es el que falla a las 2 de la madrugada de un viernes.

20.4 Control de versiones de la configuración del arnés junto con su código base

La configuración del arnés que no está bajo control de versiones es una configuración que cambia sin control. El director de auditoría lo descubrió directamente: cuatro hallazgos relacionados con configuraciones introducidas en la primera semana que nunca se revisaron, porque el proceso de revisión que se aplicaba al código no se aplicaba al archivo de configuración donde residía el arnés.

La estructura de archivos para la configuración de arnés con control de versiones ubica los archivos de arnés en el mismo repositorio que el código que gobiernan, bajo un directorio dedicado, generalmente .harness / en la raíz del repositorio. El directorio contiene cuatro categorías de archivos: los archivos de configuración de componentes que especifican el comportamiento de cada componente, la matriz de resolución que asigna combinaciones de tipo de tarea y nivel de riesgo a conjuntos de configuración, el archivo de políticas que documenta las decisiones de gobernanza organizacional que implementa la configuración y el conjunto de pruebas de la Sección 20.3.

Cada modificación de un archivo en .harness / sigue el mismo proceso de revisión que el código: solicitud de extracción (PR), revisión humana, aprobación y fusión. La descripción de la PR para una modificación del arnés responde a tres preguntas: qué configuración cambió, por qué cambió y cuál es la implicación operativa o de seguridad del cambio. Esto no es un trámite burocrático innecesario. Es la documentación que permite a un CISO reconstruir lo que el arnés permitía en cualquier momento, que es precisamente lo que requiere una auditoría.

El proceso de implementación considera que los cambios de configuración del arnés requieren un paso de validación específico antes de activarse en cualquier entorno. Este paso ejecuta las pruebas de límites de permisos y las pruebas de activación de enlaces de la Sección 20.3 sobre la configuración propuesta antes de la fusión. Un cambio de configuración que no supere una prueba de límites de permisos no se fusiona. Esta comprobación supone un coste aproximado de tres minutos de tiempo de integración continua para un conjunto de pruebas de arnés estándar. Previene incidentes en los que un cambio de configuración bienintencionado elimina una restricción de permisos que debería haber conservado.

El control de versiones también resuelve el problema de divergencia entre equipos mencionado al inicio del capítulo. Cuando la configuración de Harness se gestiona mediante control de versiones con un proceso de revisión, las doce variaciones de los doce equipos se vuelven visibles y auditables. La auditoría se convierte en una simple comparación de diferencias, en lugar de un proceso de entrevistas. La corrección se realiza mediante una solicitud de extracción (PR) que actualiza las configuraciones divergentes al estándar de la organización, y los cambios son visibles para todos los ingenieros del equipo.

20.5 La biblioteca de componentes de Harness: patrones de organizaciones maduras de ingeniería de agentes

En las organizaciones de ingeniería que llevan más de seis meses implementando el desarrollo basado en agentes a gran escala, aparecen de forma consistente ocho patrones de componentes. Cada uno aborda un modo de fallo específico detectado durante la operación, en lugar de uno previsto en la fase de diseño.

Control de alcance. Supervisa el conjunto de archivos que el agente ha leído y escrito durante una sesión y alerta cuando el alcance se extiende más allá de los límites de la tarea declarada. Detecta la desviación del alcance derivada del razonamiento implícito antes de que llegue a revisión. Caso de uso: cualquier tarea con un alcance de archivo declarado. Modo de fallo evitado: la sesión de 340 archivos del Capítulo 13.

Verificador de convenciones. Tras cada escritura de archivo, compara el archivo modificado con los tres módulos análogos más cercanos en el código fuente e identifica las desviaciones de los patrones arquitectónicos. Detecta los errores de implementación descritos en el Capítulo 19 antes de que afecten a la calidad. Caso de uso: tareas de refactorización e implementación de funcionalidades. Modo de fallo evitado: inconsistencia en las convenciones que pasa las pruebas pero no la revisión del código.

Monitor de presupuesto de contexto. Realiza un seguimiento de la utilización de la ventana de contexto durante toda la sesión y envía una alerta de punto de control cuando la utilización supera el 60 %. Los ingenieros pueden revisar la calidad de la salida actual antes de que comience la degradación, en lugar de descubrirla en la salida finalizada. Caso de uso: todas las sesiones de más de 30 minutos. Modo de fallo evitado: degradación del contexto (véase el capítulo 15).

Escáner de credenciales. Gancho previo a la acción que analiza cada archivo leído antes de cargarlo en el contexto. Rechaza los archivos que coinciden con patrones de credenciales (claves API, contraseñas, tokens de autenticación) y registra el rechazo con la ruta del archivo. Caso de uso: todas las sesiones. Modo de fallo evitado: exposición involuntaria de credenciales en el contexto del agente.

Validador de contratos. Gancho posterior a la acción que se ejecuta tras cualquier escritura en un archivo que afecte a un límite de servicio. Valida la interfaz modificada con respecto a la especificación del contrato actual en el almacén de contratos compartido. Caso de uso: tareas de integración y con múltiples repositorios. Modo de fallo evitado: fallos de compatibilidad de contratos (véase el capítulo 17).

Emisor de auditoría. Gancho posterior a la acción que escribe una entrada de registro estructurada para cada acción del agente: marca de tiempo, identificador de sesión, identificador de ingeniero, tipo de acción, ruta de archivo y resultado. Escribe en el registro de auditoría central de la organización en lugar de en un archivo local. Caso de uso: todas las sesiones en entornos sensibles al cumplimiento normativo. Modo de fallo evitado: brecha de auditoría del Capítulo 13.

Punto de control de recuperación. Tras cada diez acciones del agente, se crea un punto de control de sesión con los estados actuales de los archivos, un resumen del contexto y la secuencia de acciones. Esto permite la recuperación dirigida de sesiones degradadas mediante la secuencia del Capítulo 15, en lugar de la reversión completa de la sesión. Caso de uso: sesiones de larga duración. Modo de fallo evitado: fallo de recuperación descrito en el Capítulo 13.

Limitador de velocidad. Registra el consumo de tokens por sesión y por ingeniero por día. Activa una alerta al alcanzar el 80 % del límite diario configurado y una señal de detención al 100 %. Caso de uso: gestión de costos a nivel de equipo. Modo de fallo evitado: aumento incontrolado del costo de la API cuando varios ingenieros ejecutan sesiones simultáneas.

Referencia de la biblioteca de componentes del arnés

> Ocho patrones: configure cada uno desde .harness /components/ en el control de versiones. Revise trimestralmente.

Componente	Desencadenar	Aporte	Producción	Modo de fallo prevenido	Uso recome
Centinela de alcance	Cada archivo leído/escrito	Lista de ámbitos declarados, ruta de archivo actual	Alerta si está fuera de alcance	Modificación de archivos sin restricciones	Todas l definid
Verificador de convenciones	Escritura de archivo posterior	Archivo modificado, tres módulos análogos	Bandera de desviación de patrón	Inconsistencia arquitectónica	Refactc desarrc caracte
Monitor del presupuesto de contexto	Cada 10 acciones	Porcentaje de utilización del contexto	Alerta de punto de control al 60%	Degradación del contexto	Sesione min
Escáner de credenciales	Lectura previa del archivo	Contenido del archivo	Rechazar + registrar si se encuentran credenciales	Exposición de credenciales en contexto	Todas sesione
validador de contratos	Escritura posterior en el archivo de límites	Interfaz modificada, almacén de contratos	Bandera de infracción	Incompatibilidad entre servicios	Tareas integra
Emisor de auditoría	Publica cada acción	metadatos de acción	Registro estructurado	brecha de auditoría	Entornc cumplir

Componente	Desencadenar	Aporte	Producción	Modo de fallo prevenido	Uso recome
			para auditoría central		
Punto de control de recuperación	Cada 10 acciones	Estado de sesión	Archivo de punto de control al almacén de recuperación	Fallo en la recuperación	Sesione
limitador de velocidad	Por acción	Recuento de tokens, configuración de límite diario	Advertencia al 80%, detener al 100%.	sobrecostes	Todas sesione de equi

Ubicación de la configuración : .harness /components/<nombre-del-componente> .yaml

Ubicación de la prueba : .harness /tests/<component-name> _test.py

Requisito de revisión: Cualquier cambio en la configuración de un componente requiere una solicitud de cambio con una descripción del impacto de tres preguntas. Los cambios en los componentes de permisos o seguridad requieren la aprobación de un ingeniero sénior.

Requisito de implementación: El conjunto completo de pruebas de componentes debe superarse antes de que los cambios de configuración del arnés se integren en la rama principal.

Agregue nuevos componentes a esta biblioteca cuando se presente un modo de fallo más de dos veces. Documente el modo de fallo, no solo la solución.

— CAPÍTULO 21 —

INGENIERÍA DE BUCLES

Cómo diseñar, instrumentar y controlar los ciclos de retroalimentación que hacen que el desarrollo de agentes sea poderoso y peligroso a partes iguales.

El registro de la sesión mostraba 47 iteraciones. La ingeniera había comenzado la tarea a las 9 de la mañana, había configurado el bucle para que se ejecutara en un módulo de servicio de 2400 líneas y había vuelto a comprobarlo a las 11 de la mañana esperando que la refactorización estuviera completa. Lo que encontró fue un agente que seguía iterando —sin quedarse bloqueado, sin errores y produciendo resultados activamente— en una solución que, en la iteración 47, parecía casi idéntica a la que había producido la iteración 31, que a su vez parecía casi idéntica a la de la iteración 22.

El agente llevaba casi dos horas funcionando en un bucle de error. En cada iteración, su autoevaluación concluía que el resultado aún no era correcto. La acción correctiva en cada iteración alejaba la implementación del error identificado y la dirigía hacia otro error que aún no había detectado. El bucle convergía hacia algo. Ese algo no era la especificación de la tarea.

El coste del token para 47 iteraciones en un módulo de 2400 líneas fue de aproximadamente 85 dólares, según los precios de la API de Anthropic vigentes en agosto de 2026 para Opus 5 en tareas de código complejas. El ingeniero dedicó tres horas a la mañana siguiente a diagnosticar qué había ocurrido y por qué el bucle no se había detenido.

Esas tres horas fueron la parte más cara.

21.1 El ciclo de la agencia en detalle: Actuar, evaluar, iterar y cuándo detenerse.

Un bucle de agente es un ciclo de retroalimentación en el que el agente realiza una acción, evalúa el resultado de dicha acción comparándolo con la especificación de la tarea y decide si el resultado es suficiente para finalizar o si se requiere otra iteración. El bucle produce un refinamiento iterativo cuando la función de evaluación identifica con precisión las discrepancias entre la salida actual y la especificación, y la acción correctiva acerca la salida a la especificación. Si alguna de estas condiciones falla, el bucle produce una iteración sin convergencia.

La función de evaluación no es un componente independiente que el ingeniero escriba. Se trata del proceso de evaluación interna del agente, regido por la descripción de la tarea, las restricciones de CLAUDE.md y los resultados de las pruebas u otras señales objetivas disponibles en el contexto de la sesión. En las sesiones de Claude Code que utilizan Sonnet 5, el paso de evaluación posterior a cada acción utiliza el mismo contexto del modelo que generó la acción; por lo tanto, la calidad de la evaluación depende directamente de si los criterios de evaluación se especificaron con suficiente claridad en la descripción de la tarea para que el modelo pueda aplicarlos de forma coherente en múltiples iteraciones.

La condición de parada es donde fallan la mayoría de los diseños de bucles. Existen dos tipos de condiciones de parada válidas: una condición positiva, donde el agente determina que la salida cumple con la especificación, y una condición límite, donde un límite externo finaliza el bucle independientemente de la calidad de la salida. La mayoría de las descripciones de tareas especifican solo condiciones de parada positivas —«completar la refactorización»— sin condiciones límite. Esto no representa un problema cuando la función de evaluación funciona correctamente. Se convierte en un problema de 47 iteraciones cuando la función de evaluación entra en un bucle debido a un error mal identificado.

Tres señales indican un bucle que parece converger, pero no lo hace. Primero: la salida en la iteración N es más similar a la salida en la iteración N-3 que a la salida en la iteración N-1. La convergencia verdadera produce una salida que se mueve consistentemente hacia un estado estable. La oscilación produce una salida que alterna entre estados sin estabilizarse. Segundo: la autoevaluación del agente identifica un problema principal diferente en cada una de cuatro iteraciones consecutivas. Un bucle convergente identifica el mismo problema con una gravedad decreciente. Un bucle cíclico identifica problemas diferentes porque está tratando los síntomas de una ambigüedad de especificación más profunda en lugar de resolverla. Tercero: el costo de token por iteración no está disminuyendo. Cada iteración en un bucle convergente debería requerir menos trabajo correctivo que la anterior. Un costo por iteración constante o creciente indica que el agente está realizando la misma cantidad de retrabajo en la iteración diez que en la iteración dos.

Antes de que comience la sesión, establezca una condición límite para cada iteración del bucle. Esta condición se especifica en la descripción de la tarea como un número máximo de iteraciones, un límite máximo de tokens o un límite de tiempo. Las tres opciones se analizan en la Sección 21.3.

21.2 Modos de fallo comunes de los agentes autocorrectores

En las organizaciones de ingeniería que implementan el desarrollo basado en agentes a gran escala, se observan cuatro modos de fallo en los bucles de ejecución. Cada uno presenta características distintivas y una ruta de recuperación específica. Tratar los cuatro como variantes del problema de "el bucle se ha bloqueado" genera soluciones que abordan el síntoma visible (la detención del bucle) sin evitar que se repita.

Los bucles descontrolados consumen tokens sin converger porque la condición de parada es inalcanzable dada la especificación de la tarea y el contexto disponible. El agente evalúa cada salida como insuficiente, realiza un cambio correctivo, evalúa la salida corregida como insuficiente y continúa hasta que un límite externo finaliza la sesión o el ingeniero lo detecta. La característica distintiva es un consumo constante de tokens por iteración sin disminución con el tiempo y sin progreso visible hacia un estado de salida estable. La causa es casi siempre una especificación de tarea que contiene un requisito implícito que el agente no puede satisfacer, ya sea porque el requisito es ambiguo, porque su satisfacción depende de información que no está en el contexto de la sesión o porque el requisito entra en conflicto con otro requisito de la especificación. La recuperación consiste en reiniciar la sesión con la especificación revisada para que el requisito implícito sea explícito y alcanzable.

Los bucles de error con confianza iteran hacia una conclusión incorrecta porque la función de evaluación del agente ha aceptado una premisa errónea. El agente identifica un error genuino en las primeras una o dos iteraciones, lo corrige y luego itera hacia un estado que satisface sus criterios de evaluación, pero que viola la especificación real de la tarea. La firma es un progreso aparente y consistente hacia un estado estable que, al revisarse, no coincide con la especificación. La causa es una función de evaluación que no puede distinguir entre "esta salida satisface los criterios de evaluación" y "esta salida satisface la especificación de la tarea". Son lo mismo cuando los criterios de evaluación son una codificación completa y precisa de la especificación. Difieren cuando no lo son. La recuperación es un punto de control humano a mitad del bucle, en un número de iteraciones definido, que valida la alineación antes de que el bucle continúe.

Los bucles superficiales terminan demasiado pronto porque se alcanza la condición límite antes de que la calidad de la salida sea suficiente. La señal es una salida completada que, sin embargo, está claramente incompleta con respecto a la especificación de la tarea. La causa suele ser un límite de iteraciones establecido de forma conservadora durante la implementación inicial y que nunca se ajusta en función de la complejidad real de la tarea. La solución consiste en un proceso de calibración de la condición límite: se realiza un seguimiento del número promedio de iteraciones hasta la finalización para cada tipo de tarea y se establecen límites en el percentil 90 en lugar de en un número fijo conservadoramente bajo.

En las sesiones paralelas aparecen bucles divergentes: dos bucles que ejecutan el mismo tipo de tarea en sesiones diferentes producen resultados internamente consistentes pero mutuamente incompatibles. Ninguno de los bucles falla, ya que cada uno produce un resultado que satisface sus propios criterios de evaluación. En conjunto, generan un conflicto en el punto de integración. La solución es el protocolo de secuenciación del Capítulo 17: las sesiones dependientes no se ejecutan en paralelo.

21.3 Establecer límites de bucle que eviten un comportamiento descontrolado sin eliminar el valor de la iteración.

Cada bucle requiere que se especifiquen tres condiciones límite antes de que comience la sesión. Estas condiciones límite no son un signo de desconfianza hacia el agente, sino los parámetros operativos que permiten que la iteración del agente se ejecute de forma segura sin supervisión humana constante.

El límite de iteraciones es el límite más simple y el que con mayor frecuencia se configura incorrectamente. Establecerlo demasiado bajo termina las sesiones útiles antes de la convergencia. Establecerlo demasiado alto permite que los bucles descontrolados consuman un presupuesto de tokens significativo antes de la terminación. El proceso de calibración: para cada tipo de tarea recurrente, registre el número de iteraciones en el que las sesiones que finalmente produjeron una salida aceptable habían completado el 80 por ciento de sus iteraciones. Para una tarea de refactorización bien definida en un módulo con más del 60 por ciento de cobertura de pruebas, esta cifra suele ser de 8 a 15 iteraciones, según el análisis de registros de sesiones de profesionales en implementaciones comparables. Establezca el límite en 1,5 veces la cifra del percentil 80: margen suficiente para una variación legítima sin permitir un comportamiento descontrolado.

La restricción presupuestaria de tokens es el límite financiero que protege contra las consecuencias de costos de los bucles descontrolados. Una sesión de Opus 5 de 47 iteraciones a $85 es un punto de datos. Un equipo de 25 ingenieros, cada uno ejecutando una de estas sesiones por semana, representa un evento de costo anual de tokens de $110,000 solo por este modo de falla — estimación a agosto de 2026, precios documentados, metodología: costo por sesión multiplicado por el tamaño del equipo y la frecuencia. Establezca un presupuesto de tokens por sesión en el percentil 90 del costo para sesiones productivas del mismo tipo de tarea. Cuando se alcanza el límite del presupuesto, la sesión termina y registra la terminación como una parada de presupuesto en lugar de una finalización. Las sesiones que alcanzan regularmente el límite del presupuesto son indicadores de que el alcance de la tarea es demasiado grande para una sola sesión, en lugar de que el presupuesto sea demasiado pequeño.

Los puntos de control con intervención humana son el tipo de límite que previene específicamente los bucles con errores de confianza. Al alcanzar un número de iteraciones definido (normalmente el punto medio del límite de iteraciones), la sesión se pausa y presenta su resultado actual al ingeniero para su validación. El ingeniero confirma que la dirección actual es correcta antes de que el bucle continúe. Para las tareas cuyos criterios de evaluación pueden codificarse completamente en la descripción de la tarea, este punto de control añade una sobrecarga mínima. Para las tareas que implican supuestos de lógica de negocio y, por lo tanto, cuyos criterios de evaluación no pueden codificarse completamente, el punto de control es el mecanismo que detecta la falta de alineación entre la especificación y la evaluación antes de que se haya consumido todo el presupuesto de iteraciones.

Especifique los tres límites en la descripción de la tarea como campos estructurados: iteraciones máximas, presupuesto de tokens e iteración del punto de control. No deje ninguno de los tres implícito.

21.4 Instrumentación de bucles: Cómo hacer observable el comportamiento de los agentes

Un bucle sin instrumentar es un bucle que el ingeniero no puede diagnosticar cuando falla. El análisis de fallos de la sesión de 47 iteraciones se basó en los registros de sesión disponibles. El registro de sesiones de la mayoría de las organizaciones captura el resultado final y el estado de error. Sin una instrumentación explícita, no captura el estado por iteración, que permite distinguir un bucle descontrolado de uno que converge lentamente.

Tres capas de observabilidad permiten auditar completamente el comportamiento del bucle. El registro de estado por iteración captura, después de cada iteración: el número de iteración, la cantidad de tokens consumidos en esta iteración en comparación con la anterior, el resumen de autoevaluación del agente (una descripción de una sola frase del problema principal restante identificado) y el cambio principal realizado en esta iteración. Este registro se escribe en el emisor de auditoría del arnés del Capítulo 20 en lugar de en un archivo local, lo que garantiza que persista después de que finalice la sesión y esté disponible para análisis retrospectivos.

La métrica de convergencia rastrea la similitud semántica entre la salida de la iteración actual y la de la iteración anterior en una escala normalizada de 0 a 1, donde 1 es idéntico. Una métrica de convergencia monótonamente creciente indica una convergencia genuina. Una métrica oscilante — 0.7, 0.4, 0.8, 0.3 — indica el modo de fallo de bucle divergente o con confianza errónea. Calcule esta métrica utilizando el mismo modelo que realiza la refactorización: después de cada iteración, envíe una breve solicitud de comparación a Sonnet 5 para que califique la similitud entre las salidas actual y anterior en las dimensiones relevantes. El costo de esta comparación es insignificante en relación con el costo de la sesión principal, y la métrica que produce es la alerta temprana más confiable de un bucle que no converge.

La alerta se activa cuando se presenta alguna de las siguientes tres señales: métrica de convergencia inferior a 0,5 durante tres iteraciones consecutivas, aumento del coste de tokens por iteración durante cuatro iteraciones consecutivas, o el número de iteraciones alcanza el 70 %

del límite configurado sin una métrica de convergencia registrada superior a 0,8. La alerta se envía al ingeniero que inició la sesión con el registro de estado actual por iteración adjunto. La alerta no finaliza la sesión; proporciona al ingeniero la información necesaria para decidir si permite que el bucle continúe, lo redirige con una actualización correctiva de la descripción de la tarea o finaliza y reinicia.

Implementa el registro de estado por iteración y la métrica de convergencia antes de ejecutar cualquier bucle que supere las diez iteraciones. La infraestructura de observabilidad se construye en un sprint y evita el análisis post mortem de tres horas que suele producirse tras una sesión de 47 iteraciones sin observación.

21.5 Diseño de bucles de múltiples pasos para tareas de ingeniería complejas

Las tareas de ingeniería complejas que requieren muchas iteraciones comparten una característica estructural: implican evaluar la calidad del resultado según un criterio que no puede valorarse completamente dentro del contexto de una sola iteración. Una refactorización importante que abarca 40 archivos no puede evaluarse correctamente en la iteración 5, ya que la evaluación requiere comprobar si los cambios en los 40 archivos son coherentes entre sí, una propiedad que solo se observa cuando todos los archivos han sido modificados. La generación de documentación a partir de un código fuente no documentado no puede evaluarse prematuramente, ya que la calidad de la documentación de cada módulo depende, en parte, de su coherencia con la documentación de los módulos adyacentes.

El patrón de diseño que gestiona estas tareas es un bucle por etapas: un bucle externo que secuencia los segmentos de la tarea y evalúa su finalización, y un bucle interno para cada segmento que itera hacia su finalización antes de que el bucle externo avance. El bucle interno tiene las condiciones límite estándar de la Sección 21.3. El bucle externo cuenta con un punto de control humano entre segmentos: el ingeniero revisa el segmento completado antes de que comience el siguiente.

Para una tarea de refactorización de 40 archivos, el bucle externo define segmentos de 8 a 10 archivos cada uno, ordenados según la estructura de dependencias, de modo que los archivos con menos dependencias se procesen en los primeros segmentos. El bucle interno de cada segmento itera hasta que los archivos de ese segmento cumplen con los criterios de evaluación. En ese momento, el ingeniero revisa el resultado del segmento y autoriza el avance del bucle externo. El bucle externo avanza o finaliza en función de la revisión del ingeniero, no de la autoevaluación del agente.

Para la generación de documentación, el bucle externo define segmentos por módulo y los procesa en el orden establecido por el mapa de dependencias de la fase de auditoría del Capítulo 18. Cada bucle interno genera documentación para un módulo y se autoevalúa con respecto a la plantilla de documentación. El punto de control humano en cada iteración del bucle externo confirma que la documentación sea precisa antes de que se convierta en el registro principal al que hará referencia la documentación del siguiente módulo.

El diagnóstico de fallos para bucles multietapa que no convergen añade una pregunta al diagnóstico estándar: ¿la falta de convergencia se produce en el bucle interno o en el externo? La falta de convergencia en el bucle interno (un segmento específico no se completa) indica un problema en la especificación de la tarea para ese segmento. La falta de convergencia en el bucle externo (los segmentos se completan, pero la salida general no avanza) indica un problema

> arquitectónico en la forma en que se definen o secuencian los segmentos.

Guía de patrones de diseño de bucles y diagnóstico de fallos

> Complete la selección de patrones antes de iniciar cualquier sesión de iteración múltiple. Aplique el diagnóstico de fallos cuando un bucle no converja.

Selección de patrón de bucle

Tipo de tarea	Patrón recomendado	Iteraciones internas máximas	Puntos de control del bucle exterior
Refactorización de un solo módulo (< 15 archivos)	Bucle único con 3 límites	15	N/A — revisiones humanas al finalizar
Refactorización importante (15–50 archivos)	Por etapas: segmentos de 8 a 10 archivos	12 por segmento	Revisión humana entre segmentos
Cambio interservicios	Por etapas: un segmento por servicio, secuenciado según la dependencia.	10 por segmento	Revisión humana + validación de contratos entre segmentos
Generación de documentación	Por etapas: un segmento por módulo, ordenado por dependencia.	8 por módulo	Revisión humana antes de cada módulo marcado como autorizado

Tipo de tarea	Patrón recomendado	Iteraciones internas máximas	Puntos de control del bucle exterior
Investigación de errores	Circuito único con punto de control intermedio obligatorio.	20	Punto de control humano en la iteración 10

Tres condiciones límite: especifíquelas en la descripción de la tarea antes de que comience la sesión.

Límite	Formato de especificación	Fuente de calibración
Límite de iteraciones	` max_iterations : [N]`	1,5 veces el percentil 80 para este tipo de tarea.
Presupuesto simbólico	` token_budget : [cantidad]`	Costo del percentil 90 para sesiones productivas de este tipo.
Iteración del punto de control	` checkpoint_at : [N]`	50% del límite de iteraciones

Diagnóstico de fallos

Señal observada	Modo de fallo probable	Acción diagnóstica	Recuperación
Métrica de convergencia	Bucle de confianza-error	Revisar el registro de	Reiniciar con la corrección

Señal observada	Modo de fallo probable	Acción diagnóstica	Recuperación
oscilando por debajo de 0,5.		autoevaluación; identificar la premisa del ciclismo.	explícita del problema mal identificado en la descripción de la tarea.
Coste del token por iteración fijo o creciente	Bucle desbocado	Compruebe si se puede cumplir la condición de parada.	Finalizar; revisar la descripción de la tarea para hacer explícita la condición de parada.
La salida en N es similar a N-3, no a N-1.	Oscilación	Comparar las iteraciones N, N-1, N-2, N-3 para el patrón alterno	Finalizar; agregar una restricción que prohíba el enfoque entre el que alterna el bucle.
El bucle finaliza en el límite con una salida incompleta.	Bucle superficial	Compruebe el recuento de iteraciones del percentil 80 para este tipo de tarea.	Aumentar el límite a 1,5 veces la cifra calibrada; volver a ejecutar.
Las sesiones paralelas producen resultados incompatibles.	Bucle divergente	Confirme que el contrato compartido se cargó en ambas sesiones.	Finalizar ambos; secuenciar las sesiones con la fusión ascendente primero.

> Registre todos los resultados de diagnóstico de fallas en el repositorio de auditoría del arnés. Revise los patrones trimestralmente para identificar los tipos de tareas que requieren recalibración de las condiciones límite.

— CAPÍTULO 22 —

INGENIERÍA GRÁFICA Y COORDINACIÓN MULTIAGENTE

Cuando un solo bucle de agente no es suficiente

La tarea llevaba seis horas en ejecución cuando el responsable de ingeniería revisó el registro de la sesión. La tarea era legítima: modernizar la capa API de un servicio de 180 000 líneas, actualizando 23 puntos finales a un nuevo esquema de respuesta y manteniendo la compatibilidad con versiones anteriores para 14 servicios cliente. Un agente. Ejecución secuencial. Un punto final a la vez.

A las seis horas, el agente había completado correctamente 11 puntos finales. En el punto final 12, se encontró con un caso límite en el middleware de autenticación que su contexto de sesión —que ahora contenía el historial completo de los once puntos finales anteriores— no pudo resolver sin cargar más contexto del que la ventana podía contener correctamente. La sesión no falló. Se degradó, produjo una implementación de apariencia plausible para el punto final 12 y continuó.

El responsable de ingeniería detectó la degradación durante la revisión. Los puntos finales del 12 al 17 requerían reelaboración . Los puntos finales del 18 al 23, que aún no se han completado, deberán reiniciarse en una nueva sesión.

La tarea no era demasiado compleja para un desarrollo basado en agentes. Era demasiado compleja para un único agente secuencial. Ese es un problema diferente con una solución diferente.

22.1 Por qué la coordinación multiagente es importante a escala de equipo — y qué no lo es

La coordinación multiagente resuelve un problema específico: tareas en las que la ejecución secuencial de un solo agente falla porque el alcance de la tarea excede la capacidad de una única ventana de contexto para gestionarla de forma fiable, o porque los requisitos de calidad de la tarea superan la capacidad de una única función de evaluación para validar con precisión. La coordinación multiagente no resuelve tareas que simplemente son grandes, sino aquellas que, por su estructura, no son aptas para la ejecución de un solo agente.

La distinción es crucial antes de diseñar cualquier grafo, ya que su complejidad representa un costo real. Un flujo de trabajo multiagente requiere definiciones de roles de agente, protocolos de comunicación, mecanismos de resolución de conflictos, registro de auditoría en todos los nodos y procedimientos de recuperación ante fallos parciales. Estos no son costos adicionales que se puedan incorporar posteriormente; constituyen la infraestructura que garantiza la seguridad en la ejecución multiagente. Una tarea que un solo agente podría completar en dos sesiones bien definidas, con un punto de control humano entre ellas, no debería utilizar un grafo multiagente. El grafo añade complejidad de coordinación sin aumentar la capacidad.

La tarea de ingeniería planteada al inicio del capítulo se resuelve correctamente mediante un grafo. Su característica principal es que la correcta finalización de cada punto final requiere comprender su relación con todos los demás puntos finales, en particular con el contexto del middleware de autenticación que dejó de estar disponible en una sesión secuencial degradada. Un grafo planificador-ejecutor aborda esto directamente: el agente planificador lee la especificación completa de la API, mapea las dependencias entre los puntos finales y el middleware, y produce una descomposición de tareas que asigna cada punto final a un agente ejecutor con el contexto preciso que requiere dicho punto final, sin cargar el historial completo de todos los puntos finales anteriores.

Tres tipos de tareas superan sistemáticamente la capacidad de un solo agente y se benefician de la arquitectura de grafos. Primero: tareas que requieren aislamiento de contexto entre subtareas, donde cada subtarea debe operar con un contexto limpio y definido, en lugar del contexto acumulado de todas las subtareas anteriores. Segundo: tareas que requieren verificación independiente, donde la salida de un agente debe ser evaluada por un segundo agente que no la produjo, ya que el riesgo de sesgo de autoevaluación es inaceptable. Tercero: tareas que requieren experiencia simultánea en el dominio, donde diferentes segmentos requieren configuraciones de conocimiento mutuamente excluyentes en un solo contexto.

Todo lo demás es tarea de un solo agente. Asigne la arquitectura del grafo solo cuando se cumpla una de estas tres condiciones.

22.2 Patrones de grafos de agentes que aparecen en la ingeniería de agentes a gran escala

Tres patrones gráficos abordan los tipos de tareas identificados en la Sección 22.1. Cada patrón tiene una estructura específica, un caso de uso específico y un modo de fallo específico que su diseño debe prevenir explícitamente.

El grafo planificador-ejecutor utiliza Fable 5.1 —el modelo de orquestación de Anthropic, documentado públicamente desde agosto de 2026 y diseñado para la coordinación multiagente y la descomposición de tareas— como nodo planificador, con instancias de Sonnet 5 como nodos ejecutores. El planificador lee la especificación completa de la tarea y la estructura completa del código fuente, descompone la tarea en subtareas con límites de alcance y requisitos de contexto explícitos para cada una, y pasa cada subtarea a un ejecutor con el contexto preciso que requiere. Los ejecutores operan de forma independiente, sin contexto compartido entre ellos. El planificador recopila las salidas de los ejecutores y evalúa su coherencia combinada antes de producir el resultado final.

La tarea de modernización de la API se corresponde directamente con este patrón. El planificador analiza los 23 puntos finales y sus dependencias de middleware, genera 23 especificaciones de subtareas con ámbito definido, cada una con el contexto que necesita el punto final, y las asigna a los ejecutores en el orden que requiere la estructura de dependencias. Ningún ejecutor tiene acceso al contexto de otro. Cada uno opera de forma independiente, dentro de su ámbito específico.

El gráfico revisor-implementador asigna el rol de implementación a un agente y el rol de revisión a un segundo agente que recibe únicamente el resultado de la implementación y la especificación original, sin el contexto de la sesión del implementador. La ventaja estructural radica en que el revisor evalúa lo que se produjo, en lugar de lo que el implementador pretendía producir. La revisión de código humana se ve afectada por el sesgo del autor: los autores evalúan su código en función de lo que pretendían escribir. El gráfico revisor-implementador impone la evaluación en función de la especificación, en lugar de la intención. Utilice este patrón cuando el coste de la divergencia entre especificación e implementación sea elevado: código sensible al cumplimiento, cambios en la API pública y migraciones de esquemas de bases de datos.

El gráfico especialista-generalista implementa un agente orquestador generalista junto con agentes especialistas con un contexto profundo y específico en dominios concretos. El agente generalista divide la tarea en segmentos relevantes para cada dominio y dirige cada uno al especialista correspondiente. Este patrón se utiliza cuando una tarea abarca realmente varios dominios, donde el contexto profundo de un dominio y el de otro competirían por el mismo presupuesto de contexto; por ejemplo, una tarea que requiere tanto análisis de seguridad como optimización del rendimiento, donde el contexto completo de cada dominio es necesario para una evaluación precisa.

Los tres patrones comparten un requisito: el nodo planificador u orquestador debe generar especificaciones de tareas explícitas y escritas para cada nodo subordinado. La descomposición verbal de tareas —en la que el planificador se comunica informalmente con los ejecutores mediante conversaciones en lugar de especificaciones estructuradas— produce la ambigüedad comunicacional que provoca bloqueos de coordinación y resultados contradictorios.

22.3 Diseño de un grafo que sea auditable, recuperable y explicable.

Los requisitos de gobernanza para los grafos multiagente son más exigentes que para las sesiones de un solo agente, ya que los modos de fallo son menos visibles y las consecuencias son más difíciles de revertir. El registro de auditoría de una sesión de un solo agente es un registro lineal. El registro de auditoría de un grafo es un grafo dirigido acíclico de decisiones, cada una rastreable hasta un nodo específico en un punto específico de la ejecución. Sin un diseño de auditoría deliberado, un grafo produce resultados que no pueden atribuirse a ninguna decisión específica ni corregirse en ningún punto específico.

La auditabilidad requiere tres decisiones de diseño tomadas antes de que se ejecute el grafo. Primero: cada mensaje que se transmite entre nodos se registra con el identificador del nodo emisor, el identificador del nodo receptor, una marca de tiempo y el contenido completo del mensaje. La comunicación entre agentes no es interna al grafo ni invisible para el sistema de auditoría; es el artefacto principal que el sistema de auditoría rastrea. La auditoría de sesión para el grafo planificador-ejecutor produce no un registro, sino 24 registros: uno para la sesión del planificador y uno para cada sesión del ejecutor, además de un registro de cada especificación que produjo el planificador y cada salida que devolvieron los ejecutores.

Segundo: la salida de cada nodo se etiqueta con un indicador de confianza antes de pasarla al siguiente nodo o a la salida final. El indicador de confianza no es una puntuación que el agente se asigna a sí mismo sin restricciones, sino una evaluación estructurada según los criterios de aceptación específicos de la especificación de la tarea del nodo. Un nodo revisor que no puede evaluar la salida según los criterios de aceptación no tiene dichos criterios en la especificación de su tarea, lo cual constituye un error de diseño.

Tercero: el resultado final generado por el grafo incluye un registro de procedencia: qué nodo produjo cada parte del resultado, cuál fue la decisión de descomposición del planificador para cada parte y qué sesión de ejecución representa el trabajo. Un interesado no técnico que apruebe el resultado no necesita leer el registro de procedencia completo. Solo necesita saber que existe y que responde a la pregunta

"¿cómo se produjo esto?" si el resultado se cuestiona en algún momento.

El diseño de recuperación requiere un punto de control a nivel de nodo, no solo a nivel de sesión. Cuando un nodo ejecutor en un grafo planificador-ejecutor de 23 nodos falla en el nodo 17, la recuperación correcta consiste en reiniciar el nodo 17 con la especificación original del planificador, no en reiniciar todo el grafo. Esto requiere que la salida de la descomposición de tareas del planificador se haya almacenado en el estado del grafo antes de que se ejecutara cualquier ejecutor, de modo que esté disponible para la recuperación sin necesidad de volver a ejecutar el planificador. El primer paso tras la finalización del planificador, antes de que se inicie el primer ejecutor, es almacenar la salida del planificador.

22.4 Modos de fallo exclusivos de la coordinación multiagente

En los flujos de trabajo de un solo agente no existen cuatro categorías de fallos. Cada una requiere una decisión de diseño explícita para prevenirla, no un sistema de monitorización para detectarla a posteriori.

Los bloqueos de coordinación se producen cuando dos nodos esperan la respuesta del otro antes de continuar. En un grafo revisor-implementador, donde la evaluación del revisor determina si el implementador ejecuta una iteración de corrección, y donde la respuesta de dicha iteración determina si el revisor ejecuta otro ciclo de evaluación, surge una condición de bloqueo si ambos nodos alcanzan un estado en el que ninguno puede continuar sin el otro. La prevención consiste en un límite explícito del ciclo revisor-implementador —la misma lógica de condición límite del Capítulo

21— y una regla de desempate que remite los desacuerdos no resueltos a revisión humana en lugar de permitir que el ciclo continúe.

Se producen instrucciones contradictorias cuando varios nodos reciben especificaciones de tareas que, si bien son coherentes individualmente, resultan contradictorias al combinar sus resultados. Un ejecutor que gestiona puntos finales relacionados con la autenticación recibe una especificación para usar el nuevo esquema de tokens. Un segundo ejecutor que gestiona un componente de middleware recibe una especificación escrita antes de que el planificador procesara completamente las implicaciones del esquema de tokens. Ambas especificaciones son correctas dentro de su ámbito. Su resultado combinado es inconsistente. La prevención consiste en una comprobación de coherencia a nivel del planificador: tras generar todas las especificaciones de tareas y antes de distribuirlas a los ejecutores, el planificador somete el conjunto completo de especificaciones a una revisión de coherencia con respecto a las especificaciones del contrato compartido.

Los fallos en el intercambio de contexto ocurren cuando dos nodos que necesitan compartirlo no lo hacen o lo hacen de forma imprecisa. Un ejecutor que necesita saber qué decidió otro ejecutor —no qué se le pidió que hiciera, sino qué hizo realmente— requiere acceso a la salida posterior a la ejecución, no acceso a la especificación previa a la ejecución. La diferencia de diseño radica en si los nodos necesitan un contexto de planificación compartido o una salida de ejecución compartida. La mayoría de los grafos multiagente necesitan lo primero. Algunos, en particular los grafos especialista-generalista con dominios interdependientes, necesitan lo segundo. Diseñe el protocolo de comunicación en función de lo que los nodos realmente necesitan, no de lo que parezca más sencillo de implementar.

Se producen lagunas en la auditoría cuando la comunicación entre agentes pasa por un canal que el sistema de registro de auditoría no cubre. En un grafo donde el planificador se comunica con los ejecutores mediante la conversación de sesión en lugar de mediante el paso de mensajes estructurados, el contenido de la conversación puede no aparecer en el registro de auditoría si este solo captura las escrituras de archivos y las llamadas a herramientas. Cada ruta de comunicación en el grafo debe incluirse explícitamente en la especificación del registro de auditoría antes de su implementación.

22.5 El marco de diseño de grafos y la lista de verificación de coordinación multiagente

Diseñar un grafo sin un proceso estructurado produce grafos que funcionan en las demostraciones, pero fallan en el escenario real: aquel en el que un nodo falla durante la ejecución, donde dos nodos generan resultados contradictorios o cuando un interesado pregunta qué hizo el grafo y el registro de auditoría no puede responder. El proceso de diseño se desarrolla en cinco etapas, cada una de las cuales produce un artefacto específico sobre el que se basa la siguiente etapa.

Primera etapa: calificación de la tarea. Confirme que la tarea cumple al menos uno de los tres criterios para la arquitectura multiagente de la Sección 22.1. Si no los cumple, la tarea vuelve a ejecutarse con un solo agente. Esta etapa genera una justificación de un párrafo para la arquitectura de grafos. Si la justificación no cabe en un párrafo, es probable que la tarea no necesite un grafo.

Etapa dos: definición de rol. Defina el rol de cada agente con un nombre, su especificación de entrada, su especificación de salida, sus criterios de aceptación y su comportamiento ante fallos. La definición de rol no describe lo que hace el agente, sino que es la especificación que recibe como tarea. La definición de rol de un nodo revisor incluye no solo "revisar la salida del implementador", sino también "evaluar

> la salida del implementador según los criterios de aceptación A, B y C, y devolver un veredicto estructurado con el estado de aprobado/reprobado para cada criterio y una instrucción de corrección específica para cada criterio que no cumpla".
>
> Tercera etapa: definición del protocolo de comunicación. Se mapea cada mensaje que se transmite entre nodos: remitente, receptor, estructura del contenido y sincronización. Cada mensaje en el mapa requiere registro. Si un mensaje no está en el mapa, no se registra.
>
> Etapa cuatro: definición del procedimiento de recuperación. Para cada nodo, defina qué constituye una falla del nodo, cómo se detecta y cuál es la acción de recuperación. Las fallas de los nodos no implican el reinicio del grafo por defecto.
>
> Etapa cinco: finalización de la lista de verificación de producción. La siguiente lista de verificación abarca los requisitos de gobernanza que garantizan la seguridad de la ejecución del gráfico en un flujo de trabajo de ingeniería de producción.

Marco de diseño de gráficos y lista de verificación de coordinación multiagente

> Completar las cinco etapas antes de que cualquier flujo de trabajo multiagente llegue a producción. El responsable de ingeniería da su aprobación. El director de tecnología revisa los gráficos que afectan al cumplimiento normativo.

Etapa 1 — Calificación de la tarea

Pregunta	Respuesta	Puerta
¿La tarea requiere aislamiento del contexto entre las subtareas?	Sí / No	Proceda si es Sí
¿Requiere la tarea una verificación independiente por parte de un agente que no sea el autor?	Sí / No	Proceda si es Sí
¿La tarea requiere conocimientos especializados simultáneos que compitan en un mismo contexto?	Sí / No	Proceda si es Sí
¿Podría un solo agente completar esta tarea en dos sesiones bien planificadas con un punto de control humano?	Sí / No	Si la respuesta es sí, vuelva a la ejecución de un solo agente.

Etapa 2: Definición de roles (completar para cada nodo)

Campo	Nodo 1	Nodo 2	Nodo N
Nombre del rol	___	___	___
Patrón (Planificador / Ejecutor / Revisor /	___	___	___

Campo	Nodo 1	Nodo 2	Nodo N
Implementador / Especialista / Generalista)			
Especificación de entrada	___	___	___
Especificación de salida	___	___	___
Criterios de aceptación	___	___	___
Comportamiento ante fallos (detener/escalar/reintentar una vez)	___	___	___

Etapa 3: Protocolo de comunicación

Mensaje	Remitente	Receptor	Estructura del contenido	¿Has iniciado sesión?
Descomposición de tareas	Planificador	Cada albacea	Especificación de tarea estructurada	Sí / No
Salida del ejecutor	Cada albacea	Planificador/Revisor	Resultado estructurado + confianza	Sí / No
Veredicto de la revisión	Crítico	Planificador	Aprobado/Reprobado según criterio + corrección	Sí / No

Etapa 4 — Procedimientos de recuperación

Nodo	Condición de falla	Método de detección	Acción de recuperación
—	—	—	Reiniciar nodo / Escalar a humano / Finalizar gráfico

Etapa 5 — Lista de verificación de producción

> ☐ Calificación de la tarea completada: se cumple y documenta al menos un criterio.
>
> ☐ Todos los roles de los nodos están definidos con entrada, salida, criterios de aceptación y comportamiento ante fallos.
>
> ☐ Protocolo de comunicación mapeado: cada mensaje en el gráfico tiene una entrada de registro.
>
> ☐ La salida del planificador persiste antes de que se inicie el primer ejecutor.
>
> ☐ Puntos de control a nivel de nodo definidos: la recuperación no requiere un reinicio completo del gráfico.
>
> ☐ Regla de resolución de conflictos especificada: los desacuerdos entre nodos no resueltos se someten a revisión humana.
>
> ☐ Formato de procedencia del registro de auditoría definido: el resultado final es rastreable hasta las decisiones a nivel de nodo.
>
> ☐ Explicación no técnica para las partes interesadas: un párrafo que describe qué hace el gráfico y cómo verificar el resultado.

☐ Prevención de bloqueos de coordinación implementada: límites de bucle en cualquier ciclo revisor-implementador

☐ Todos los canales de comunicación están cubiertos por el registro de auditoría; ninguna ruta de mensaje está fuera del alcance del registro.

Lista de verificación almacenada en .harness /graphs/<graph-name>/design.md en el control de versiones. Revísela después de cualquier incidente relacionado con el gráfico y antes de cualquier cambio estructural en el nodo del gráfico o en la configuración de comunicación.

Apéndices

Herramientas de referencia para uso inmediato

Apéndice A: Plantillas para el cálculo del retorno de la inversión (ROI)

Se analizaron tres modelos de retorno de la inversión (ROI) para equipos de 5, 25 y 100 ingenieros. Todas las cifras de licencias se basan en el precio del plan Anthropic Max, de 200 dólares por desarrollador al mes, según la información pública de Anthropic vigente desde agosto de 2026. Los costes laborales se basan en los salarios medios publicados del sector tecnológico de la UE. El valor de la productividad se basa en los rangos de mejora del tiempo de ciclo documentados. Todas las cifras que no corresponden a licencias son estimaciones; indíquelas como tales en cualquier documento que comparta externamente.

Modelo de retorno de la inversión (ROI): incluya sus cifras (todas las cifras que no incluyen licencias son estimaciones).	
CATEGORÍA DE COSTO	5 INGENIEROS
Licencia anual	$12,000
Costo estimado de incorporación de personal	2.900 €–4.350 €
Integración de la cadena de herramientas (estimación)	4.000 €–6.000 €
Configuración de la gobernanza (estimación)	2.500 €–3.500 €
Caída de la productividad (estimación)	Tu cálculo
TOTAL DEL PRIMER AÑO (estimado)	$21.000–$26.000 + €___

Modelo de retorno de la inversión (ROI): incluya sus cifras (todas las cifras que no incluyen licencias son estimaciones).	
Punto de equilibrio (rango típico)	Meses 3–5
Código de Claude vs. Códice (documentado)	Claude Code Opus 5: ~$155/tarea de refactorización

Apéndice B: Plantillas CLAUDE.md

Tres archivos CLAUDE.md listos para producción: uno para startups, otro para organizaciones de ingeniería de tamaño mediano y otro para empresas reguladas de la UE. Adapte cada uno a su código fuente específico antes de la implementación. Consulte el Capítulo 14 para obtener una explicación completa de cada sección.

Plantilla A — Empresa emergente (menos de 15 ingenieros):

```
# Contexto del proyecto: [Nombre y propósito del servicio. Lenguaje. Estructura: monolito/microservicios.] # Convenciones que difieren de los valores predeterminados - Manejo de errores: [ patrón específico] - Nomenclatura de pruebas: [convención específica] # No modificar sin instrucciones explícitas - / src /auth/* - /config/production.* - Archivos de migración de base de datos # Después de realizar cambios: Ejecutar [comando de prueba]. Si las pruebas fallan, detener e informar. # Cuando no esté seguro del alcance: Detenerse y preguntar. No continuar por suposición.
```

Plantilla B — Tamaño mediano (15–75 ingenieros):

```
# Descripción general de la arquitectura [N] servicios. Bibliotecas compartidas en /libs. Contratos en /contracts. No modifique /libs o /contracts sin autorización explícita de la tarea. # Límites de riesgo - /libs/: se requiere autorización del líder de ingeniería - /contracts/: se requiere autorización del líder de ingeniería - //*auth*: revisión del ingeniero sénior antes de la fusión – marcar en PR # Formato de confirmación del flujo de trabajo: [convención]. Comando de prueba: [comando]. PR: incluir descripción de la tarea, archivos modificados, archivos no modificados. # Escalada:
```

> Modificar un archivo de límite de riesgo: detener, anotar en la sesión, informar en PR.

Plantilla C — Industria regulada de la UE:

> Prohibiciones absolutas (sin excepciones) - No leer archivos que coincidan con /fixtures/prod-* - No modificar la lógica de retención de datos sin la autorización del equipo de cumplimiento - No modificar / src /consent/ # Límites de riesgo (se requiere autorización con nombre) - / src /payment/: revisión de ingeniero sénior + seguridad - / src /auth/: revisión de ingeniero sénior # Auditoría: PR debe incluir todos los archivos modificados, todos los archivos leídos pero no modificados, # confirmación de que no se cargaron datos personales en el contexto de la sesión. # Escalada: Datos personales en archivos fuente: detener inmediatamente. Informar al líder de ingeniería.

Apéndice C: Matriz de comparación de herramientas

Diseñado para la toma de decisiones con múltiples herramientas, no para la justificación de una sola. Los precios son aproximados a partir de agosto de 2026; verifique las cifras actuales directamente con cada proveedor antes de realizar la compra. El cumplimiento del RGPD requiere verificación con la documentación actual del proveedor y su configuración específica.

Matriz comparativa de herramientas para el desarrollo de IA

DIMENSIÓN	CÓDIGO DE CLAUDE	COPIADO DE GITHUB	CURSOR	CÓDIGO (OPENAI)	CÓDIGO
Precios (aprox.)	Entre 17 y 200 dólares por usuario al mes.	Entre 19 y 39 dólares por usuario al mes.	~$40/usuario/ mes	Incluido en los planes de OAI	Libre + Empresa
Interfaz principal	CLI / terminal-first	complemento IDE	IDE (bifurcación del cursor)	Nativo de la nube, asíncrono	complemento IDE
Capacidad de agente	Completo: varios pasos, varios repositorios	Limitado — sugerencias/chat	Moderado — modo agente	Completo: contenedores asíncronos	Limitado

Matriz comparativa de herramientas para el desarrollo de IA					
SOC 2	Certificado de tipo II	Tipo II (Microsoft)	Verificar por configuración	Certificado de tipo II	Verificar
RGPD / Residencia en la UE	Procesamiento en EE. UU.; ZDR configurable; no se requiere residencia en la UE de forma estándar (agosto de 2026).	Límite de datos de la UE disponible	Verificar por configuración	Procesamiento en EE. UU.; verificar según el plan.	Verificar por implementación
Lo mejor para	Complejo, dependiente del contexto; gobernanza a escala de equipo	Sugerencias de IDE; ecosistema de Microsoft	Productividad individual en IDE	Automatización asíncrona; sensible al costo	Suplemento IDE rentable
Función multiherramienta	Constructor principal para trabajos	Suplemento para sugerencias de IDE	Productividad del ingeniero individual	Revisor asíncrono; plataforma de acceso	Suplemento rentable

Matriz comparativa de herramientas para el desarrollo de IA					
	complejos			para personas ajenas al personal.	

Apéndice D: Lista de verificación de adopción de 30 días

Complete cada etapa antes de avanzar. Se requiere aprobación en cada etapa semanal y al final del programa piloto. Consulte el Capítulo 5 para conocer la metodología completa de cada criterio.

Lista de verificación para pilotos de 30 días			
PUERTA	ARTÍCULO	ESTADO	DUEÑO
PREPILOTO (antes del Día 1)	Equipo piloto seleccionado: orientación mixta, composición de tareas, informador de modos de fallo	☐	CTO
PREPILOTO	Código fuente seleccionado: representativo del nivel real de deuda técnica.	☐	Director de ingeniería.
PREPILOTO	Métricas de referencia recopiladas: tiempo de ciclo, tasa de defectos, finalización del sprint (últimos 30 días).	☐	Jefe de equipo

Lista de verificación para pilotos de 30 días			
PREPILOTO	Infraestructura de medición: análisis VCS, seguimiento de incidencias, vinculación de relaciones públicas, herramienta de cobertura	☐	Jefe de equipo
PREPILOTO	CLAUDE.md fue redactado y revisado por el jefe de ingeniería.	☐	Ingeniero jefe
PREPILOTO	Arnés configurado: permisos limitados al código fuente del piloto, ganchos activos	☐	Ingeniero jefe
PREPILOTO	Política de gobernanza distribuida al equipo piloto	☐	CTO
SEMANA 1	Cada ingeniero completa al menos una tarea de agente y registra los	☐	Cada ingeniero

Lista de verificación para pilotos de 30 días			
	modos de fallo encontrados.		
REGISTRO DE LA SEMANA 1	¿En qué punto específico el agente requirió más correcciones que las que se podían realizar escribiendo directamente?	☐	Jefe de equipo
SEMANA 2	Los tipos de tareas identificados como débiles en la Semana 1 se probaron con el archivo CLAUDE.md actualizado.	☐	Ingeniero jefe
MÉTRICA DE LA SEMANA 2	Se han extraído los datos del tiempo de ciclo; se espera que sea plano o ligeramente negativo.	☐	Director de ingeniería.
SEMANA 3	Se introduce un volumen de sprint realista: no hay selección de	☐	Jefe de equipo

Lista de verificación para pilotos de 30 días			
	tareas predefinida.		
MÉTRICA DE LA SEMANA 3	Tiempo de revisión por PR: ¿disminuye desde el pico de la semana 2? Marcar si aún es elevado.	☐	Director de ingeniería.
SEMANA 4	Esta semana no hay nuevas configuraciones ni cambios en el flujo de trabajo.	☐	CTO
REVISIÓN DE LA SEMANA 4	¿Qué características deberían cumplirse a nivel de equipo que actualmente no se cumplen en este programa piloto?	☐	Jefe de equipo
DÍA 30: ¿SE PUEDE O NO?	Complete el cuadro de mando de decisión del Capítulo 5 (Go/NoGo); el CTO lo revisa antes de	☐	CTO

Lista de verificación para pilotos de 30 días			
	comunicar la decisión.		

Apéndice E: Glosario y resumen del CISO

Parte uno: Glosario en lenguaje sencillo de todos los términos técnicos del libro, escrito para directores financieros, asesores jurídicos o miembros del consejo de administración, no para ingenieros. Parte dos: El informe de una página para el CISO, formateado para su distribución directa.

Primera parte: Glosario en lenguaje sencillo

Glosario de términos técnicos	
Agente	Un sistema de software que recibe una descripción de tarea, decide una secuencia de pasos para completarla, ejecuta esos pasos utilizando las herramientas disponibles y evalúa si su propio resultado es correcto, sin requerir que un humano apruebe cada paso individual. A diferencia de un chatbot, que responde a preguntas, un agente actúa .
desarrollo agéntico	Un enfoque de desarrollo de software en el que los ingenieros asignan tareas a agentes de IA en lugar de escribir ellos mismos cada línea de código. El ingeniero especifica qué se debe producir; el agente lo produce; el ingeniero revisa y aprueba el resultado.
CLAUDE.md	Un archivo de configuración que proporciona a un agente de IA instrucciones permanentes para trabajar en un código fuente específico: qué convenciones seguir, qué áreas requieren especial atención y qué hacer en caso de incertidumbre. Funciona como una memoria

Glosario de términos técnicos	
	organizativa persistente para el agente entre sesiones.
Ventana de contexto	La cantidad total de información que un agente de IA puede almacenar en la memoria activa durante una sola sesión de trabajo. El código, las instrucciones y las acciones previas compiten por este espacio. Cuando la memoria se llena, la información más antigua se desplaza y la precisión del agente puede disminuir.
Ingeniería gráfica	Coordinar varios agentes de IA —cada uno con un rol definido— para que trabajen juntos en una tarea demasiado compleja para un solo agente. Un agente puede planificar el trabajo; otros ejecutan partes específicas; otro revisa el resultado.
Aprovechar	La capa de configuración que rige las acciones de un agente de IA: qué archivos puede leer o modificar, qué comandos puede ejecutar, qué sucede antes y después de su acción, y cómo se registran sus acciones. Este sistema es fundamental para que el desarrollo de agentes sea seguro en toda una organización de ingeniería.
Gancho	Una comprobación automatizada que se ejecuta antes o después de la acción de un agente. Los ganchos previos a la acción pueden detener una acción antes de que se produzca. Los ganchos posteriores a la acción registran lo sucedido y pueden marcar los resultados para su revisión humana.

Glosario de términos técnicos	
Bucle	El ciclo en el que un agente actúa, evalúa su resultado y vuelve a actuar, repitiéndose hasta que determina que el resultado cumple con los requisitos de la tarea o se alcanza un límite externo.
Orquestación	Coordinar a múltiples agentes que trabajan en tareas relacionadas: determinar qué se ejecuta en paralelo, qué se ejecuta en secuencia y cómo se combinan sus resultados.
Paralelización	Ejecutar varias tareas de agentes simultáneamente en flujos de trabajo separados y aislados. Aumenta el volumen de resultados; requiere coordinación para evitar conflictos.
Vibecoding	Desarrollar software describiendo lo que se desea a una herramienta de IA en lenguaje sencillo y aceptando su resultado con una revisión técnica mínima. Útil para la creación de prototipos; requiere una evaluación de ingeniería antes de su implementación en producción.
Árbol de trabajo	Una copia de trabajo independiente del repositorio de código donde los cambios de un agente se aíslan hasta su revisión y aprobación. Impide que las modificaciones de un agente afecten el trabajo de otro o el código fuente principal antes de la revisión.
Retención cero de datos (ZDR)	Configuración contractual disponible a través de la API de Anthropic que impide que las indicaciones y respuestas se almacenen tras finalizar la sesión y no se utilicen para entrenar

Glosario de términos técnicos	
	modelos de IA. Requiere activación explícita; no modifica el lugar donde se procesan los datos.

Segunda parte: El informe de una página para el CISO

Complete todos los campos marcados en cursiva antes de distribuir el documento. Este documento está formateado para su distribución directa sin necesidad de edición adicional.

Claude Code — Resumen de seguridad y cumplimiento para la revisión del CISO	
Organización	___ · Preparado por: CTO · Fecha: ___ · Fecha de revisión del CISO: ___
MANEJO DE DATOS	
Ubicación de procesamiento	Infraestructura antrópica, Estados Unidos (según la documentación de la API de Anthropic, agosto de 2026)
Residencia de datos en la UE	No disponible como configuración estándar a partir de agosto de 2026 (documentación de la API de Anthropic).
Estado de retención de datos cero	[ ] Activo [ ] No activo: verifique según la configuración de la cuenta y el acuerdo aplicable.

Claude Code — Resumen de seguridad y cumplimiento para la revisión del CISO	
Uso de datos para la formación	Prohibido bajo la configuración ZDR (según la documentación de manejo de datos de la API de Anthropic).
Datos personales en contexto	Excluido mediante el escáner de credenciales CLAUDE.md y las prohibiciones de categoría de datos — clasificación adjunta
PROPIEDAD INTELECTUAL	
Propiedad del código generado, UE	Situación legal incierta a partir de 2026. Los contratos laborales se han actualizado para asignar la producción asistida por IA al empleador.
cláusula del contrato del cliente	Actualizado: el marco de gobernanza gestiona el riesgo de propiedad intelectual. No se ofrece garantía de titularidad limpia.
CERTIFICACIONES DE CONFORMIDAD (ANTRÓPICAS)	
SOC 2 Tipo II	Certificado: informe disponible en Anthropic bajo acuerdo de confidencialidad; solicitar a través del departamento de adquisiciones.
ISO 27001	No figura en la documentación pública de Anthropic a fecha de agosto de 2026.
Ley de IA de la UE	Anthropic asume obligaciones a nivel de proveedor. Las obligaciones del cliente serán evaluadas por separado por el asesor legal.

Claude Code — Resumen de seguridad y cumplimiento para la revisión del CISO	
RGPD	Sesiones estándar contra el código fuente de la aplicación: no se identificó ningún procesamiento de datos personales. La política del entorno de desarrollo se actualizó de conformidad con el artículo 5(1)(c) del RGPD. Se consultó al Delegado de Protección de Datos (DPD) sobre la actualización de la política.
ABRIR LOS ARTÍCULOS ANTES DE SU DESPLIEGUE COMPLETO	
	[ ] Informe SOC 2 Tipo II recibido de Anthropic bajo acuerdo de confidencialidad
	[ ] Activación de ZDR verificada en la configuración de la cuenta — captura de pantalla adjunta
	[ ] Evaluación de clasificación de datos completada y firmada por el CISO
	[ ] Reglas de exclusión de credenciales de CLAUDE.md probadas en el entorno de prueba
	[ ] Finalizada la consulta del DPO sobre la política de gestión de datos del entorno de desarrollo.

www.ingramcontent.com/pod-product-compliance
Lightning Source LLC
LaVergne TN
LVHW010712061126
851857LV00014B/1152
* 9 7 8 0 5 5 7 8 9 6 1 0 3 *